Kënaqësitë vegane te Indisë:
Një libër gatimi me bazë bimore

100 receta indiane autentike dhe me shije për një mënyrë jetese më të shëndetshme

ADAMATA CELA

Të gjitha të drejtat e rezervuara.

Mohim përgjegjësie

Informacioni i përmbajtur në këtë eBook ka për qëllim të shërbejë si një koleksion gjithëpërfshirës i strategjive për të cilat autori i këtij libri elektronik ka bërë kërkime. Përmbledhjet, strategjitë, këshillat dhe truket janë vetëm rekomandime nga autori dhe leximi i këtij libri elektronik nuk do të garantojë që rezultatet e dikujt do të pasqyrojnë saktësisht rezultatet e autorit. Autori i librit elektronik ka bërë çdo përpjekje të arsyeshme për të ofruar informacion aktual dhe të saktë për lexuesit e librit elektronik. Autori dhe bashkëpunëtorët e tij nuk do të mbajnë përgjegjësi për ndonjë gabim ose lëshim të paqëllimshëm që mund të gjendet. Materiali në eBook mund të përfshijë informacione nga palë të treta. Materialet e palëve të treta përfshijnë mendime të shprehura nga pronarët e tyre. Si i tillë, autori i librit elektronik nuk merr përsipër përgjegjësi ose përgjegjësi për ndonjë material ose opinion të palëve të treta. Qoftë për shkak të përparimit të internetit, ose për shkak të ndryshimeve të paparashikuara në politikën e kompanisë dhe udhëzimet e paraqitjes editoriale, ajo që deklarohet si fakt në kohën e këtij shkrimi mund të bëhet e vjetëruar ose e pazbatueshme më vonë.

TABELA E PËRMBAJTJES

TABELA E PËRMBAJTJES..4

PREZANTIMI..8

EREZAT DHE EDIMET..10

1. Chai Masala... 11
2. Chaat Masala... 14
3. Chana Masala... 17
4. Garam Masala... 21
5. Sambhar Masala... 24
6. Pluhur Rasam... 28
7. Qimnon i grirë i pjekur.. 31
8. Stoku i supës së domates veriore indiane................................. 34
9. Stoku i supës me xhenxhefil indian verior............................... 37
10. Krem shqeme.. 40
11. Lëng Tamarind.. 42
12. Pastë me xhenxhefil-hudhër.. 44
13. Tofu i pjekur, me erëza... 46

MËNGJESI...49

14. Bajame të njomura... 50
16. Brumë bazë Roti... 52
15. Paratha e mbushur me lulelakër.. 54
16. Bukë e mbushur me spinaq.. 57
17. Grurë i këndshëm i plasaritur me shqeme................................. 60
18. Krepat e Indisë së Jugut.. 64
19. Krepat me miell qiqrash... 69
20. Kremi i krepave të grurit... 73
21. Kos soje i bërë në shtëpi... 77
22. Masala Tofu Scramble.. 81

23. Petulla të ëmbla...84

SUPAT, PJATA TË VOGLA, SALATA, DHE ANËT.........................86

24. Supë me domate të Indisë së Veriut.................................87
25. Supë Seitan Mulligatawny...91
26. Supë jeshile me erëza..95
27. Supë e Indisë së Jugut me domate dhe tamarindë.........99
28. Kokoshka me erëza..103
29. Masala Papad...106
30. Arra Masala të pjekura...109
31. Bajame të pjekura dhe shqeme me erëza Chai...............112
34. Sallatë me fasule pikante...115
32. Lulelakra e pjekur dhe brokoli..118
33. Puperat e qiqrave...121
34. Sheshe perimesh të pjekura...129
35. Patate pikante me patate të ëmbla.................................133
36. Sallatë e mamasë me lakër..137
37. Sallatë me domate, kastravec dhe qepë..........................140
38. Sanduiçe me sallatë vegjetale të Sharon.........................143
39. Sallatë e rrugës me qiqra...145
40. Sallatë me misër në rrugë..148
41. Sallatë me karota krokante..150
42. Chaat shege...153
43. Sallatë frutash Masala...155
44. Sallatë me portokall...158
45. Oriz kafe dhe fasule Adzuki Dhokla................................161
46. Kos soje Raita..166

LEBUZJA, FATHJA DHE THJERRJA...................................168

47. Qiqrra të ziera të gatuara, të thjeshta............................169
48. Qiqrra të bardha të gatuara, të thjeshta..........................171
49. Thjerrëza të gatuara, të thjeshta kafe.............................173
50. Fasule të zeza të gatuara, të thjeshta.............................175
51. Bizele të gatuara, të thjeshta me sy të zinj.....................177

52. Fasule të gatuara, të thjeshta.....................................179

53. Thjerrëza të gatuara, të thjeshta jeshile.....................182

54. Fasule Adzuki të gatuara, të thjeshta.........................184

55. Hummus indian verior..186

56. Fasule ose thjerrëza Masala të pjekura......................189

57. Sallatë e ngrohtë indiane veriore.............................192

58. Sallatë e ftohtë indiane në rrugë.............................195

59. Fasule ose thjerrëza Quickie Masala..........................198

60. Sallatë me bishtajore indiane jugore me kokos............201

61. Fasule ose thjerrëza të Indisë së Veriut....................204

62. Fasule indiane jugore me gjethe kerri.......................208

63. Kari i frymëzuar nga Goan me qumësht kokosi..............212

64. Bishtajoret Chana Masala..216

65. Fasule Punjabi Curried...219

66. Kari i frymëzuar nga Sambhar me sobë........................223

67. Fasule dhe thjerrëza të gatuara ngadalë.....................227

68. Chana dhe Split Moong Dal me thekon piper..................230

PERIMET..**234**

69. Supë me qumësht soje me xhenxhefil..........................235

70. Tofu me erëza dhe domate..238

71. Hash patate me qimnon...242

72. Hash i patates së farave të mustardës.......................245

73. Lakra e stilit Punjabi...248

74. Lakra me fara mustarde dhe kokos.............................251

75. Fasule me patate..254

76. Patëllxhan me patate..258

77. Masala Lakrat e Brukselit.......................................262

78. Panxhar me fara mustarde dhe kokos..........................265

79. Kungull Masala i grirë...268

80. Patëllxhan fëmijë i mbushur me shqeme.......................271

81. Spinaq me erëza me Paneer.......................................276

82. Pjepër dimëror i pjekur...280

83. Patate fenugreek-spinaq...283

6

84. Bamja kërcitëse.................................286

KARRI VEGAN.................................**290**

85. Curry kungull me fara pikante.................................291

86. Kerri Peshku Tamarind.................................294

87. Salmon në kerri me shije shafrani.................................297

88. Bamje kerri.................................300

89. Curry me perime kokosi.................................302

90. Kari me perime bazë.................................305

91. Fasule e zezë dhe kerri kokosi.................................308

92. Lakra kerri.................................311

93. Curry lulelakër.................................314

94. Curry me lulelakra dhe patate.................................317

95. Kari me patate, lulelakër dhe domate.................................323

96. Kari i kungullit.................................326

97. Llokoçis Fry Perimet.................................329

98. Kari me domate.................................332

99. Curry pagur e bardhë.................................335

Përfundim.................................338

PREZANTIMI

Mirë se vini në "Vegan Delights of India: A Plant-Based Cookbook", ku do të gjeni një koleksion recetash të shijshme, të shëndetshme dhe autentike indiane që janë plotësisht pa produkte shtazore. Pavarësisht nëse jeni një vegan me përvojë, një i ri i konvertuar në ushqimin me bazë bimore, ose thjesht kërkoni të përfshini më shumë ushqime pa mish në dietën tuaj, ky libër gatimi ka diçka për të gjithë.

Kuzhina indiane është e famshme për shijet e saj të pasura, ngjyrat e gjalla dhe gamën e larmishme të pjatave. Me këtë libër gatimi, do të zbuloni se si të bëni disa nga pjatat më të njohura dhe më të dashura indiane në një mënyrë krejtësisht vegane. Nga curries dhe chutneys klasike te ushqimet dhe ushqimet e rrugës, çdo recetë në këtë libër gatimi është krijuar për të sjellë shijet autentike të Indisë në kuzhinën tuaj.

Recetat tona janë jo vetëm të shijshme, por edhe të mbushura me ushqime, duke përdorur përbërës të shëndetshëm si thjerrëzat, qiqrat, perimet dhe erëzat. Ne besojmë se ushqimi me bazë bimore nuk është vetëm i mirë për shëndetin tuaj, por edhe për planetin, dhe shpresojmë që ky libër gatimi t'ju frymëzojë të eksploroni botën e gjallë të kuzhinës vegane indiane.

Pra, nëse dëshironi një vakt të përzemërt, një vindaloo pikante ose një korma kremoze, lëreni "Vegan Delights of India: A Plant Cookbook" të jetë udhëzuesi juaj për gatimet e shijshme dhe të shëndetshme indiane.

Rigjeneroni përgjigjen

EREZAT DHE EDIMET

1. Chai Masala

REZULTIMI: $\frac{3}{4}$ KUPA (178 ML)

Përbërësit

- 1 lugë gjelle kokrra piper të zi të plotë

- 9 shkopinj kanelle, te prera ne copa

- 1 lugë gjelle karafil të plotë

- $\frac{1}{2}$ lugë çaji fara kopër

- 2 lugë gjelle bishtaja të plota të kardamomit jeshil

- 3 bishtaja kardamomi të zi

- 2 lugë gjelle xhenxhefil të bluar

- 1 lugë çaji pluhur shafran i Indisë

Drejtimet

a) Vendosini të gjithë përbërësit në një mulli erëzash ose në enë të thatë të një blenderi të fuqishëm. Përpunoni në një pluhur të imët.

b) Shoshini pas bluarjes për të marrë një pluhur më të imët. Ruani në një enë hermetike në një vend të freskët dhe të thatë deri në 6 muaj.

2. Chaat Masala

REHNDIMI: 2 filxhanë (474 ml)

Përbërësit

- $\frac{1}{2}$ filxhan grumbullues (40 g) fara koriandër
- 2 lugë të mbushura me fara qimnoni
- 2 lugë të grumbulluara fara kopër
- 8 speca djegës të kuq të thatë të tërë, të copëtuara në copa
- $\frac{1}{2}$ filxhan (50 g) kokrra piper të zi
- 2 lugë çaji pluhur mango
- 2 luge gjelle kripe te zeze
- 2 lugë çaji të mbushur me xhenxhefil të bluar
- 2 lugë çaji të mbushur me fara karamele

Drejtimet

a) Në një tigan të cekët dhe të rëndë, piqni të thatë koriandër, qimnon, kopër dhe djegës të kuq mbi nxehtësinë mesatare. Qëndroni afër dhe tundeni tiganin çdo 15 deri në 20 sekonda për të parandaluar djegien e erëzave. Ato duhet të jenë thjesht të thekura dhe aromatike. Pas rreth 4 minutash pjekje, transferojeni përzierjen në një pjatë dhe lëreni të ftohet për 15 minuta.

b) Pasi përzierja të jetë ftohur, transferojeni në një mulli erëzash ose në enë të thatë të një blenderi të fuqishëm. Shtoni përbërësit e mbetur dhe përpunoni në një pluhur të imët. Mund t'ju duhet ta bluani - bëjeni këtë në tufa të vogla, në varësi të madhësisë së mullirit tuaj. Shoshini pas bluarjes për të marrë një pluhur më të imët.

c) Ruani në një enë hermetike deri në 6 muaj.

3. Chana Masala

REZULTIMI: 1½ filxhanë (356 ml)

Përbërësit

- ¼ filxhan (24 g) fara qimnoni

- ¼ filxhan (20 g) fara koriandër

- ¼ filxhan (28 g) fara të thata shege

- 2 lugë çaji fara mustardë të zezë

- 2 lugë çaji fara fenugreek

- 10 karafil të tërë

- 2 bishtaja kardamomi të zi

- 4 bishtaja kardamom jeshile

- 3 shkopinj kanelle, te prera ne copa

- 1 lugë çaji fara karamele (ajwain)

- 1 lugë gjelle kokrra piper të zi të plotë

- 5 gjethe kasia mesatare (ose gjethe dafine), të copëtuara në copa

- 10 speca djegës të kuq të thatë të tërë, të copëtuara në copa

- 1 lugë gjelle gjethe fenugreku të thata (kasoori methi)

- 2 lugë pluhur mango (amchur)

- 1 lugë gjelle xhenxhefil të bluar

- 1 lugë gjelle kripë e zezë (kala namak)

Drejtimet

a) Në një tigan të cekët dhe të rëndë, piqni të thatë qimnonin, koriandrën, farat e shegës, mustardën, farat e fenugrekut, karafilin, bishtajat e zeza dhe jeshile të kardamomit, kanellën, karamën, kokrrat e piperit, kasia ose gjethet e dafinës, djegësin e kuq dhe gjethet e fenugrekut në zjarr mesatar. . Qëndroni afër dhe tundeni tiganin çdo 15 deri në 20 sekonda për të parandaluar djegien e erëzave. Ato duhet të jenë thjesht të thekura dhe aromatike. Pas rreth 4 minutash pjekje, transferojeni përzierjen në një pjatë dhe lëreni të ftohet për 15 minuta.

b) Pasi përzierja të jetë ftohur, transferojeni në një mulli erëzash ose në enë të thatë të një blenderi të fuqishëm. Shtoni pluhurin e mangos, xhenxhefilin dhe kripën e zezë dhe përpunoni në një pluhur të imët. Mund t'ju duhet ta bluani në tufa të vogla, në varësi të madhësisë së mullirit tuaj. Shoshini pas bluarjes për të marrë një pluhur më të imët. Ruani në një enë hermetike deri në 6 muaj.

4. Garam Masala

REZULTIMI: 2½ filxhanë (593 ml)

Përbërësit

- 1 filxhan (96 g) fara qimnoni

- ½ filxhan (40 g) fara koriandër

- ¼ filxhan (21 g) bishtaja kardamom të zi

- 12 shkopinj kanelle, te prera ne copa

- ¼ filxhan (21 g) karafil të plotë

- ¼ filxhan (25 g) kokrra piper të zi

- 2 arrëmyshk të plota (ose 1 lugë gjelle arrëmyshk i bluar)

Drejtimet

a) Në një tigan të cekët dhe të rëndë, skuqni të gjithë përbërësit në nxehtësi mesatare. Pas rreth 4 minutash pjekje, transferojeni përzierjen në një pjatë dhe lëreni të ftohet për 15 minuta.

b) Pasi përzierja të jetë ftohur, transferojini përbërësit në një mulli erëzash ose në enë të thatë të një blenderi të fuqishëm. (Shtoni arrëmyshk të bluar në këtë pikë, nëse përdorni.) Përpunoni në një pluhur të imët.

5. Sambhar Masala

REZULTIMI: 1 kupë (237 ML)

Përbërësit

- ¼ filxhan (48 g) gram i ndarë (chana dal)
- 1 lugë gjelle thjerrëza të zeza të ndara dhe të këputura (dhuli urad)
- 1 lugë gjelle thjerrëza jeshile të ndara dhe të lëmuara (dhuli moong)
- ½ filxhan (40 g) fara koriandër
- ½ filxhan djegës të kuq të thatë të plotë, të copëtuar në copa
- ½ filxhan (11 g) gjethe të freskëta kerri të paketuara fort, të copëtuara përafërsisht
- 1 lugë e mbushur me fara qimnoni
- 1 lugë e mbushur me fara mustarde të zeza
- 1 lugë e mbushur me fara lulekuqeje të bardha
- 1 lugë fara fenugreek
- 2 shkopinj kanelle, te prera ne copa

- 20 kokrra piper te zi te plote
- 3 lugë gjelle (20 g) pluhur shafran i Indisë

Drejtimet

a) Në një tigan të cekët dhe të rëndë, skuqni të gjithë përbërësit përveç shafranit të Indisë në nxehtësi mesatare. Kur i vendosni në tigan, filloni me thjerrëzat në mënyrë që të jenë sa më afër zjarrit dhe të zihen deri në fund. Shkundni ose përzieni shpesh dhe shikoni me kujdes që përzierja të mos digjet. (Duhet të shikoni veçanërisht farat e lulëkuqes, të cilat gatuhen shpejt. Ato mund të shtohen edhe në fund të gatimit.) Pasi thjerrëzat të skuqen, gjethet e kerit fillojnë të përkulen dhe erëzat kanë erë aromatike (rreth 7 minuta). transferojeni përzierjen në një pjatë ose tas të madh dhe lëreni të ftohet për 15 minuta.

b) Pasi përzierja të jetë ftohur, transferojeni, së bashku me shafranin e Indisë, në një mulli erëzash ose në enë të thatë të një blenderi të fuqishëm. Mund t'ju duhet ta bluani në tufa të vogla, në varësi të madhësisë së mullirit tuaj. Shoshini pas bluarjes për të marrë një pluhur më të imët. Ruani në një enë hermetike deri në 6 muaj.

6. Pluhur Rasam

REZULTIMI: 3 filxhanë (711 ml)

Përbërësit

- 1 lugë gjelle e mbushur me gramë të ndarë (chana dal)

- 1 lugë gjelle e mbushur me bizele pëllumbi të ndara dhe me lëkurë (toor dal)

- 2 gota (160 g) fara koriandër

- ½ filxhan (48 g) fara qimnoni

- ½ filxhan (50 g) kokrra piper të zi

- ½ lugë çaji fara fenugreek

- 10 speca djegës të kuq të thatë të tërë, të copëtuara në copa

- 15 gjethe kerri të tëra, të prera përafërsisht

- 1 lugë çaji pluhur shafran i Indisë

Drejtimet

a) Në një tigan të cekët dhe të rëndë, skuqni të gjithë përbërësit përveç shafranit të Indisë në nxehtësi mesatare.

b) Pasi përzierja të jetë ftohur, shtoni shafranin e Indisë dhe transferojeni në një mulli erëzash.

7. Qimnon i grirë i pjekur

REZULTIMI: 1 kupë (237 ML)

Përbërësit

- 1 filxhan (96 g) fara qimnoni

Drejtimet

a) Nxehni një tigan të rëndë dhe të cekët mbi nxehtësinë mesatare.

b) Shtoni qimnonin dhe skuqeni për rreth 3 minuta duke e tundur vazhdimisht. Kjo është në thelb si pjekja e thatë e arrave të pishës. Çelësi këtu është të mos largoheni kurrë, për t'u siguruar që farat të mos digjen.

c) Pasi farat të kenë marrë ngjyrë kafe të kuqërremtë, vendosini në një pjatë të ftohtë dhe lërini të ftohen për rreth 15 minuta. Nëse digjen (dhe është në rregull - unë kam qenë atje shumë herë) hidhini ato dhe filloni përsëri. Përsëri, nuk mund të theksoj mjaftueshëm se duhet të qëndroni aty teksa pjekni. Tre minuta kalojnë çuditërisht shpejt.

d) Pasi të jenë ftohur, vendosini farat në një mulli erëzash ose në enë të thatë të një blenderi të fuqishëm. Mund t'ju duhet t'i bluani ato në tufa të vogla, në varësi të madhësisë së mullirit tuaj. (Nuk ka nevojë të shoshet.) Ruajeni në një enë hermetike deri në gjashtë muaj.

8. Stoku i supës së domates veriore indiane

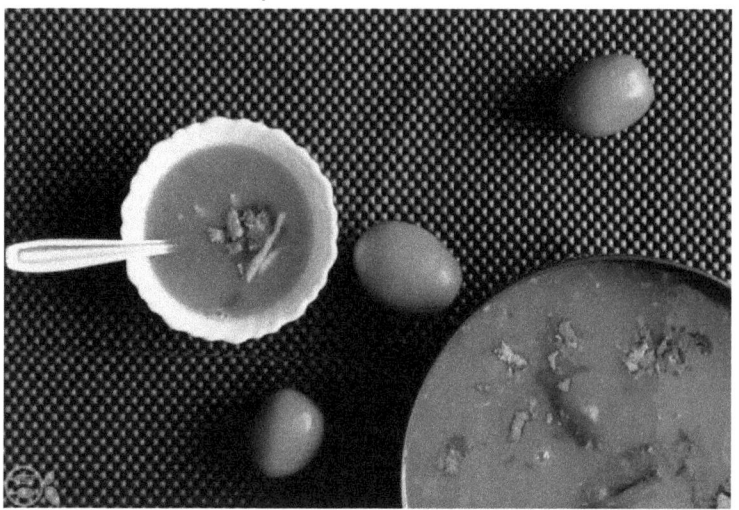

RENDIMI: $4\frac{1}{2}$ filxhanë (1,1 L)

Përbërësit

● 1 qepë e madhe, e qëruar dhe e prerë përafërsisht

● 4 domate të mëdha, të qëruara dhe të prera përafërsisht

● 1 filxhan (96 g) rrënjë xhenxhefili të qëruar dhe të prerë përafërsisht

● 10 thelpinj hudhër, të qëruara dhe të prera

● 1 lugë gjelle pluhur shafran i Indisë

● $\frac{1}{4}$ filxhan vaj (59 ml)

Drejtimet

a) Hidhini të gjithë përbërësit në tenxhere të ngadaltë dhe përziejini butësisht.

b) Gatuani në temperaturë të lartë për 6 orë.

c) Përpunoni përzierjen derisa të jetë homogjene duke përdorur një blender zhytjeje, një blender tradicional, një përpunues ushqimi ose një blender të fuqishëm.

d) Kthejeni përzierjen në tenxhere të ngadaltë dhe gatuajeni edhe për një orë në temperaturë të lartë. Ruani në frigorifer deri në 1 javë ose në frigorifer deri në 3 muaj.

9. Stoku i supës me xhenxhefil indian verior

REHNDIMI: 7 filxhanë

Përbërësit

- 2 qepë të mëdha të verdha, të qëruara (4 gota [600 g] të bluara)

- 2 kilogramë rrënjë xhenxhefili, e qëruar (4 gota të bluara)

- 2 gota të grumbulluara hudhër, të qëruara dhe të prera

- 4 lugë gjelle (24 g) fara qimnoni

- 4 lugë gjelle (27 g) pluhur shafran i Indisë

- $\frac{1}{2}$ filxhan (119 ml) vaj

- $\frac{1}{2}$ filxhan (119 ml) ujë

Drejtimet

a) Grini veçmas qepët, rrënjën e xhenxhefilit dhe hudhrën në një blender të fuqishëm. Gjëja kryesore është që çdo përbërës të grihet sa më imët.

b) Shtoni kuminin, shafranin e Indisë dhe vajin në tenxhere të ngadaltë.

c) Pastroni enën e blenderit me ujë dhe hidheni në tenxhere të ngadaltë. Përziejini butësisht.

d) Gatuani në temperaturë të lartë për 10 orë. Kjo përzierje do të zgjasë deri në 1 javë në frigorifer dhe deri në 3 muaj në frigorifer.

10.   Krem shqeme

REZULTIMI: $2\frac{1}{2}$ filxhanë (593 ml)

Përbërësit

- 1 filxhan (138 g) shqeme të papërpunuara, të njomura gjatë natës dhe të kulluara

- $1\frac{1}{4}$ filxhan (296 mL) ujë

Drejtimet

a) Vendosni shqemet në një blender të fuqishëm.

b) Shtoni ujin dhe përzieni me shpejtësinë më të lartë derisa masa të bëhet e lëmuar dhe kremoze.

c) Nëse është ende shumë e trashë, shtoni pak më shumë ujë, 1 lugë gjelle në të njëjtën kohë.

d) Përdoreni atë si bazë për një salcë alfredo jo të qumështit, ose derdhni perime të ziera me avull.

11.   Lëng Tamarind

RENDIMI: 4 filxhanë (948 ml)

Përbërësit

- 1 (7 ons [199-g]) bllok tul të tharë tamarindi me fara
- 6 gota ujë të vluar

Drejtimet

a) Pritini tulin e tamarindës në copa 1 inç (2,5 cm) dhe vendosini në një tas ose tenxhere të thellë. Jini të durueshëm; do të ngjitet në thikë, gishta dhe gjithçka tjetër. Por mos u shqetësoni - rrëmuja ia vlen!

b) Hidhni ujin e vluar mbi copat e tulit. Lëreni të qëndrojë për të paktën 1 orë.

c) Me anën e pasme të një piruni ose me duart tuaja, ndani sa më shumë pulpë të jetë e mundur. Kullojeni lëngun dhe ruajeni duke hedhur tulin e mbetur. Do të ruhet në frigorifer deri në një muaj. Mund ta ngrini edhe deri në 3 muaj.

12.   Pastë me xhenxhefil-hudhër

REZULTIMI: $\frac{3}{4}$ KUPA (178 ML)

Përbërësit

- 1 (10 centimetra) copë rrënjë xhenxhefili, e qëruar dhe e prerë

- 12 thelpinj hudhër, të qëruara dhe të prera

- 1 lugë gjelle ujë

Drejtimet

a) Përpunoni të gjithë përbërësit në një procesor ushqimi derisa të keni një konsistencë të ngjashme me pastën.

13.   Tofu i pjekur, me erëza

RENDIMI: 2 filxhanë (474 ml) TË PJEKUR DHE TË KUBE

Përbërësit

- Spërkatni vaj

- 2 lugë çaji garam masala

- Paketim 14 ons tofu organik tepër i fortë, i prerë në feta

Drejtimet

a) Vendosni një raft furre në pozicionin më të lartë, ngrohni furrën tuaj në 350°F (180°C) dhe pak vajosni një fletë pjekjeje.

b) Spërkateni garam masala mbi njërën anë të shiritave tofu.

c) Vendoseni tofu me anën e pa erëza poshtë në fletën e pjekjes. Spërkateni lehtë me vaj. Piqeni për 15 minuta. Ktheni fetat e tofu-s, i rregulloni me garam masala-në e mbetur dhe spërkatni lehtë përsëri me vaj. Piqni edhe për 15 minuta të tjera.

d) E heqim tavën nga furra, e lëmë tofu të ftohet për 5 minuta dhe e presim në kubikë.

MËNGJESI

14.   Bajame të njomura

RENDIMI: 20 BAJAME

Përbërësit

- 20 bajame të papërpunuara
- Ujë, për njomje

Drejtimet

a) Thithni bajamet në ujë të mjaftueshëm për t'i mbuluar gjatë natës.

b) Në mëngjes, shpëlajini mirë dhe ose i hani me lëkurë ose i qëroni dhe i hani. Ato gjithashtu shtohen shkëlqyeshëm në smoothie për një rritje të vogël të proteinave. Unë shpesh mbaj bajame të njomura në makinën time dhe i gjej ato si një meze të lehtë kundrejt opsioneve më pak të shëndetshme.

16. Brumë bazë Roti

Përbërësit

- 3 gota (603 g) miell chapati (atta)
- $1\frac{1}{2}$ filxhan (356 mL) ujë
- 1 lugë vaj (opsionale)

Drejtimet

a) Përziejini të gjithë përbërësit së bashku në një procesor ushqimi ose me dorë në një tas të thellë derisa të formohet një top.

15.   Paratha e mbushur me lulelakër

rendimenti: 12

Përbërësit

- 2 gota (300 g) lulelakër të grirë ¼ kokë)

- 1 lugë çaji kripë deti të trashë

- ½ lugë çaji garam masala

- ½ lugë çaji pluhur shafran i Indisë

- 1 grumbull Brumë bazë Roti

Drejtimet

a) Në një tas të thellë, përzieni së bashku lulelakrën, kripën, garam masala dhe shafranin e Indisë.

b) Pasi të ketë mbaruar mbushja, filloni të hapni brumin roti. Filloni duke bërë brumin bazë Roti. Nxirrni një copë sa madhësia e një topi golfi (rreth 5 centimetra në diametër) dhe rrotullojeni midis dy pëllëmbëve për ta formuar në një top. Shtypeni atë midis dy pëllëmbëve për ta rrafshuar pak dhe shtrijeni në një sipërfaqe të lyer pak me miell derisa të jetë rreth 5 inç (12,5 cm) në diametër.

c) Vendosni një kukull (një lugë gjelle të mbushur) me mbushjen e lulelakrës mu në mes të brumit të mbështjellë. Palosni nga të gjitha anët në mënyrë që të takohen në mes, duke bërë në thelb një katror. Lyejini lehtë të dyja anët e katrorit në miell të thatë.

d) Rrotulloni në një sipërfaqe të spërkatur lehtë me miell derisa të jetë e hollë dhe rrethore, rreth 10 inç (25 cm) në diametër. Mund të mos jetë krejtësisht e rrumbullakët dhe një pjesë e mbushjes mund të kalojë pak, por gjithçka është në rregull.

e) Ngrohni një tava ose një tigan të rëndë mbi nxehtësinë mesatare-të lartë. Pasi të jetë nxehtë, vendosini parathas në tigan dhe ngrohini për 30 sekonda, derisa të jenë mjaftueshëm të forta për t'u rrokullisur, por jo plotësisht të forta ose të thahen. Ky hap është kritik për të bërë Parathas vërtet të shijshme. Do të duket sikur është gati të gatuhet, por ende pak e papërpunuar. Gatuani për 30 sekonda nga ana e kundërt. Nderkohe lyejme me lyerje lehte anen e kthyer nga lart, e kthejme, lyejme pak nga ana tjeter dhe i ziejme te dyja anet derisa te skuqen pak. Shërbejeni menjëherë me gjalpë vegan, kos të ëmbël soje ose turshi indiane (achaar).

16.   Bukë e mbushur me spinaq

REHNDIMI: 20-24

Përbërësit

- 3 gota (603 g) 100% miell chapati gruri integral (atta)
- 2 gota (60 g) spinaq të freskët, të prerë dhe të grirë imët
- 1 filxhan (237 ml) ujë
- 1 lugë çaji kripë deti të trashë

Drejtimet

a) Në një procesor ushqimi, përzieni miellin dhe spinaqin. Kjo do të bëhet një përzierje e thërrmuar.

b) Shtoni ujin dhe kripën. Përpunoni derisa brumi të bëhet një top ngjitës.

c) Transferoni brumin në një tas të thellë ose në tavanin tuaj të lyer pak me miell dhe gatuajeni për disa minuta derisa të bëhet i butë si brumi i picës. Nëse brumi është ngjitës, shtoni edhe pak miell. Nëse është shumë e thatë, shtoni pak më shumë ujë.

d) Nxirrni një pjesë të brumit me madhësinë e një topi golfi (rreth 5 centimetra në diametër) dhe rrotullojeni midis dy pëllëmbëve për ta formuar në një top. Shtypeni atë midis dy pëllëmbëve për ta rrafshuar pak dhe shtrijeni në një sipërfaqe të lyer pak me miell derisa të jetë rreth 5 inç (12,5 cm) në diametër.

e) Ngrohni një tava ose një tigan të rëndë mbi nxehtësinë mesatare-të lartë. Pasi të jetë nxehtë, vendoseni Parathën në tigan dhe ngroheni për 30 sekonda, derisa të jetë mjaftueshëm e fortë për t'u rrokullisur, por jo plotësisht e fortë ose e tharë.

f) Gatuani për 30 sekonda nga ana e kundërt. Nderkohe lyejme me lyerje lehte anen e kthyer nga lart, e kthejme, lyejme pak nga ana tjeter dhe i ziejme te dyja anet derisa te skuqen pak.

g) Shërbejeni menjëherë me gjalpë vegan, kos të ëmbël soje ose turshi indiane (achaar).

17.   Grurë i këndshëm i plasaritur me shqeme

Përbërësit

- 1 filxhan (160 g) grurë të plasaritur

- 1 luge vaj

- 1 lugë çaji fara mustardë të zezë

- 4-5 gjethe kerri, të prera trashë

- ½ qepë mesatare të verdhë ose të kuqe, të qëruar dhe të prerë në kubikë

- 1 karotë e vogël, e qëruar dhe e prerë në kubikë

- ½ filxhan (145 g) bizele, të freskëta ose të ngrira

- 1-2 chiles tajlandeze, serrano ose kajene,

- ¼ filxhan (35 g) shqeme të papërpunuara, të pjekura të thata

- 1 lugë çaji kripë deti të trashë

- 2 gota (474 mL) ujë të vluar

- Lëng nga 1 limon mesatar

Drejtimet

a) Në një tigan të rëndë mbi nxehtësi mesatare-të lartë, skuqni grurin e plasaritur për rreth 7 minuta, derisa të skuqet pak. Transferoni në një pjatë që të ftohet.

b) Ngrohni vajin në një tigan të thellë dhe të rëndë mbi nxehtësinë mesatare-të lartë.

c) Shtoni farat e sinapit dhe ziejini derisa të ziejnë, rreth 30 sekonda.

d) Shtoni gjethet e kerit, qepën, karrotën, bizelet dhe specin djegës. Gatuani për 2 deri në 3 minuta, duke i përzier herë pas here, derisa qepët të fillojnë të skuqen pak.

e) Shtoni grurin e plasaritur, shqemet dhe kripën. Përziejini mirë.

f) Shtoni në përzierje ujin e vluar. Bëni këtë me shumë kujdes, pasi do të spërkat. Marr kapakun e tavës së madhe dhe e mbaj përpara me dorën e djathtë ndërsa me të majtën derdh ujin. Sapo uji të jetë brenda, vendos kapakun dhe e lë përzierjen të qetësohet për një minutë. Përndryshe, mund ta fikni nxehtësinë përkohësisht ndërsa derdhni ujë.

g) Pasi të ketë hyrë uji, ulni zjarrin në minimum dhe gatuajeni përzierjen pa kapak derisa të përthithet i gjithë lëngu.

h) Shtoni lëngun e limonit në fund të kohës së gatimit. Vendoseni përsëri kapakun në tigan, fikni nxehtësinë dhe lëreni përzierjen të qëndrojë për 15 minuta që të thithë më mirë të gjitha shijet.

i) Shërbejeni menjëherë me bukë të thekur të lyer me gjalpë vegan, banane pure ose chutney me piper jeshil djegës.

18.   Krepat e Indisë së Jugut

RENDIMI: $3\frac{1}{2}$ filxhanë

Përbërësit

- 1 filxhan (190 g) oriz basmati kafe, i pastruar dhe i larë
- $\frac{1}{4}$ filxhan (48 g) thjerrëza të zeza të plota me lëkurë
- 2 lugë gram të ndarë (chana dal)
- $\frac{1}{2}$ lugë çaji fara fenugreek
- 1 lugë çaji kripë deti e trashë, e ndarë
- $1\frac{1}{2}$ filxhan (356 mL) ujë
- Vaj, për tiganisje, vendoseni mënjanë në një tas të vogël
- $\frac{1}{2}$ qepë e madhe, e qëruar dhe e përgjysmuar (për përgatitjen e tiganit)

Drejtimet

a) Në një tas të madh, lagni orizin në ujë të bollshëm.

b) Në një tas të veçantë, lagni thjerrëzat e zeza, gram të ndarë dhe fenugreek.

c) Shtoni ½ lugë çaji kripë në çdo tas. Vendoseni çdo tas në një zonë të ngrohtë (më pëlqen t'i mbaj në një furrë të fikur) me një kapak të lirshëm dhe zhyteni gjatë natës.

d) Në mëngjes kullojeni dhe rezervoni ujin.

e) Grini thjerrëzat dhe orizin së bashku në një blender të fuqishëm. Shtoni deri në 1½ filxhan (356 mL) ujë ndërsa ecni. (Mund të përdorni ujin e rezervuar të njomjes.)

f) Lëreni brumin të qëndrojë për 6 deri në 7 orë në një vend pak të ngrohtë (përsëri, si një furrë që është fikur) për të fermentuar pak.

g) Nxehni një tigan mbi nxehtësinë mesatare-të lartë. Hidhni 1 lugë çaji vaj në tigan dhe shpërndajeni me një peshqir letre ose peshqir enësh.

h) Pasi tigani të jetë nxehtë, ngjitni një pirun në pjesën e paprerë dhe të rrumbullakosur të qepës. Duke mbajtur dorezën e pirunit, fërkojeni gjysmën e prerë të qepës përpara dhe mbrapa nëpër tiganin tuaj. Kombinimi i nxehtësisë, lëngjeve të qepës dhe vajit do të ndihmojë në parandalimin e ngjitjes së dozës suaj. E mësova këtë nga një mik i familjes së Indisë së Jugut, Parvati Auntie, dhe me të vërtetë bën të gjithë ndryshimin në botë. Mbajeni qepën me pirunin e futur pranë për ta përdorur përsëri midis dozave.

i) Mbani një tas të vogël me vaj anash me një lugë, do ta përdorni më vonë.

j) Më në fund kalojmë te gatimi! Hidhni rreth $\frac{1}{4}$ filxhan (59 mL) brumë në mes të tiganit të nxehtë dhe të përgatitur. Me pjesën e pasme të lugës, bëni ngadalë lëvizje në drejtim të akrepave të orës nga mesi në skajin e jashtëm të tiganit derisa brumi të bëhet i hollë dhe i ngjashëm me krep.

k) Me një lugë të vogël, derdhni një rrjedhë të hollë vaji në një rreth rreth brumit.

l) Lëreni dozën të gatuhet derisa të skuqet pak dhe të largohet pak nga tigani. Kthejeni dhe gatuajeni anën tjetër. Pasi të jetë skuqur, shërbejeni menjëherë të shtresuar me patate me erëza jeera ose limon, chutney kokosi dhe një anë sambhar.

19.   Krepat me miell qiqrash

rendimenti: 8

Përbërësit

- 2 gota (184 gr) gram (qipe) miell (besan)

- 1½ filxhan (356 g) ujë

- 1 qepë e vogël, e qëruar dhe e grirë (rreth ½ filxhan [75 g])

- 1 copë rrënjë xhenxhefil, e qëruar dhe e grirë ose e grirë

- 1-3 speca djegës tajlandez jeshil, serrano ose kajen, të copëtuara

- ¼ filxhan (7 g) gjethe të thata fenugree (kasoori methi)

- ½ filxhan (8 g) cilantro e freskët, e grirë

- 1 lugë çaji kripë deti të trashë

- ½ lugë çaji koriandër të bluar

- ½ lugë çaji pluhur shafran i Indisë

- 1 lugë çaji pluhur chili i kuq ose vaj kajene, për tiganisje

Drejtimet

a) Në një enë të thellë, përzieni miellin dhe ujin derisa të jenë të lëmuara. Më pëlqen të filloj me një kamxhik dhe më pas të përdor pjesën e pasme të një luge për të thyer grumbujt e vegjël të miellit që formohen normalisht.

b) Lëreni përzierjen të qëndrojë për të paktën 20 minuta.

c) Shtoni përbërësit e mbetur përveç vajit dhe përziejini mirë.

d) Nxehni një tigan mbi nxehtësinë mesatare-të lartë.

e) Shtoni $\frac{1}{2}$ lugë çaji vaj dhe përhapeni në tigan me anën e pasme të një luge ose një peshqir letre. Ju gjithashtu mund të përdorni një llak gatimi për të lyer në mënyrë të barabartë tiganin.

f) Me një lugë, derdhni $\frac{1}{4}$ filxhan (59 mL) të brumit në qendër të tiganit. Me pjesën e pasme të lugës, përhapeni brumin në një lëvizje rrethore, në drejtim të akrepave të orës nga qendra në drejtim të pjesës së jashtme të tavës për të krijuar një petull të hollë dhe të rrumbullakët me diametër rreth 5 inç (12,5 cm).

g) Gatuani poora derisa të marrë pak ngjyrë kafe nga njëra anë, rreth 2 minuta, dhe më pas kthejeni për të gatuar nga ana tjetër. Shtypni poshtë me shpatull për t'u siguruar që edhe mesi të jetë gatuar.

h) Gatuani brumin e mbetur, duke shtuar vaj sipas nevojës për të parandaluar ngjitjen.

i) Shërbejeni me një anë të Chutney-t tim me Mint ose Pjeshkë.

20.   Kremi i krepave të grurit

REHNDIMI: 6 filxhanë

Përbërësit

- 3 gota (534 g) krem gruri (sooji)

- 2 gota (474 mL) kos soje të thjeshtë pa sheqer

- 3 gota (711 mL) ujë

- 1 lugë çaji kripë deti të trashë

- $\frac{1}{2}$ lugë çaji piper i zi i bluar

- $\frac{1}{2}$ lugë çaji pluhur kili i kuq ose kajen

- $\frac{1}{2}$ qepë e verdhë ose e kuqe, e qëruar dhe e prerë hollë

- 1-2 chiles jeshile Thai, serrano ose cayenne, të copëtuara

- Vaj, për tiganisje, vendoseni mënjanë në një tas të vogël

- $\frac{1}{2}$ qepë e madhe, e qëruar dhe e përgjysmuar (për përgatitjen e tiganit)

Drejtimet

a) Në një enë të thellë përziejmë së bashku kremin e grurit, kosin, ujin, kripën, piperin e zi dhe pluhurin e kuq djegës dhe e lëmë mënjanë për 30 minuta që të fermentohet pak.

b) Shtoni qepën e prerë në kubikë dhe specin djegës. Përziejini butësisht.

c) Nxehni një tigan mbi nxehtësinë mesatare-të lartë. Në tigan hidhni 1 lugë çaji vaj.

d) Pasi tigani të jetë nxehtë, ngjitni një pirun në pjesën e paprerë dhe të rrumbullakosur të qepës. Duke mbajtur dorezën e pirunit, fërkojeni gjysmën e prerë të qepës përpara dhe mbrapa nëpër tiganin tuaj. Kombinimi i nxehtësisë, lëngut të qepës dhe vajit ndihmojnë në parandalimin e ngjitjes së dozës suaj. Mbajeni qepën me pirunin e futur pranë për ta përdorur përsëri midis dozave. Kur të jetë nxirë nga tigani, mjafton të presësh hollë nga pjesa e përparme.

e) Mbani një tas të vogël me vaj anash me një lugë—do ta përdorni më vonë.

f) Më në fund kalojmë te gatimi! Hidhni pak më shumë se $\frac{1}{4}$ filxhan (59 mL) brumë në mes të tiganit tuaj të nxehtë dhe të përgatitur. Me pjesën e pasme të lugës, bëni ngadalë lëvizje në drejtim të akrepave të orës nga mesi në skajin e jashtëm të tiganit derisa brumi të bëhet i hollë dhe i ngjashëm me krep. Nëse përzierja fillon të fryjë menjëherë, thjesht ulni pak nxehtësinë.

g) Me një lugë të vogël, derdhni një rrjedhë të hollë vaji në një rreth rreth brumit.

h) Lëreni dozën të gatuhet derisa të skuqet pak dhe të largohet nga tigani. Kthejeni dhe gatuajeni anën tjetër.

21.   Kos soje i bërë në shtëpi

REHNDIMI: 6 filxhanë

Përbërësit

- 4 gota (948 mL) qumësht soje pa sheqer

- ½ filxhan (119 mL) kos soje të thjeshtë, me kulturë të gjallë/aktiv, të pa ëmbëlsuar

- 1 peshqir banjoje ose batanije të trashë

Drejtimet

a) Fusni qumështin e sojës në tenxhere të ngadaltë dhe ndizni atë të ulët. Gatuani për 2 orë e gjysmë.

b) Hiqeni nga priza tenxheren e ngadaltë dhe lëreni të qëndrojë për 3 orë me kapak.

c) Pas 3 orësh, transferoni 2 gota (474 mL) qumësht të vakët soje në një tas dhe përzieni me kosin e gjallë/kulturës aktive. (Ky është në thelb çdo kos i thjeshtë që ju ka mbetur, qoftë kos i bërë më parë në shtëpi ose një version i blerë në dyqan. Mbani në mend se kosi që bëni do të marrë shijen dhe cilësinë e kulturës që po përdorni, prandaj mos e përdorni nëse është e vjetër ose e thartë.)

d) Kthejeni përzierjen përsëri në tenxhere të ngadaltë dhe përziejeni butësisht.

e) Vendoseni kapakun dhe mbështillni peshqirin ose batanijen rreth tenxheres së ngadaltë për ta mbajtur përmbajtjen të ngrohtë. Lëreni të qëndrojë për 8 orë. Në këtë pikë, kosi duhet të qetësohet. Shijojeni të përzier në smoothie, me fruta ose të shijshme me perime të grira dhe kripë e piper. Kjo gjithashtu bën një bazë të mrekullueshme për lassi, një pije indiane me bazë jogurti.

22.   Masala Tofu Scramble

REHNDIMI: 2 filxhanë

Përbërësit

- Paketim 14 ons tofu organik tepër i fortë

- 1 luge vaj

- 1 lugë çaji fara qimnoni

- $\frac{1}{2}$ qepë e vogël e bardhë ose e kuqe, e qëruar dhe e grirë

- 1 copë rrënjë xhenxhefili, e qëruar dhe e grirë

- 1–2 chiles jeshile Thai, serrano ose cayenne, të copëtuara

- $\frac{1}{2}$ lugë çaji pluhur shafran i Indisë

- $\frac{1}{2}$ lugë çaji pluhur kili i kuq ose kajen

- $\frac{1}{2}$ lugë çaji kripë deti të trashë

- $\frac{1}{2}$ lugë çaji kripë e zezë

- $\frac{1}{4}$ filxhan (4 g) cilantro e freskët, e grirë

Drejtimet

a) Thërrmoni tofu-n me duar dhe lëreni mënjanë.

b) Në një tigan të rëndë dhe të sheshtë, ngrohni vajin në nxehtësi mesatare-të lartë.

c) Shtoni kuminin dhe gatuajeni derisa farat të ziejnë, rreth 30 sekonda.

d) Shtoni qepën, rrënjën e xhenxhefilit, djegësin dhe shafranin e Indisë. Gatuani dhe skuqeni për 1 deri në 2 minuta, duke e trazuar për të parandaluar ngjitjen.

e) Shtoni tofu dhe përziejini mirë që e gjithë përzierja të zverdhet nga shafrani i Indisë.

f) Shtoni pluhurin e kuq të kilit, kripën e detit, kripën e zezë (kala namak) dhe cilantron. Përziejini mirë.

g) Shërbejeni me bukë të thekur ose të rrotulluar në një mbështjellje të ngrohtë roti ose paratha.

23.   Petulla të ëmbla

RENDIMI: 8 PETULA

Përbërësit

- 1 filxhan (201 g) miell chapati 100% gruri integral

- ½ filxhan (100 gr) bishtaja

- ½ lugë çaji fara kopër

- 1 filxhan (237 ml) ujë

Drejtimet

a) Përziejini të gjithë përbërësit së bashku në një tas të thellë dhe lëreni brumin të qëndrojë për të paktën 15 minuta.

b) Nxehni një tigan ose tigan të lyer me pak vaj mbi nxehtësinë mesatare-të lartë. Hidheni brumin ose hidheni brumin në tigan, duke përdorur rreth ¼ filxhan (59 mL) për çdo poura. Truku është ta përhapni brumin pak me pjesën e pasme të lugës nga mesi në një lëvizje në drejtim të akrepave të orës pa e holluar shumë.

c) E skuqim nga të dyja anët dhe e servirim të nxehtë.

SUPAT, PJATA TË VOGLA, SALATA, DHE ANËT

24.   Supë me domate të Indisë së Veriut

RENDIMI: 6 filxhanë (1,42 L)

Përbërësit

- 2 lugë çaji vaj

- 1 lugë çaji të mbushur me fara qimnoni

- ½ lugë çaji pluhur shafran i Indisë

- 4 domate të mesme, të qëruara dhe të prera përafërsisht

- 1 copë rrënjë xhenxhefil, e qëruar dhe e grirë ose e grirë

- 3 thelpinj hudhër, të qëruara dhe të prera

- 1-2 chiles jeshile Thai, serrano ose cayenne, të copëtuara

- ¼ filxhan (4 g) cilantro e freskët e copëtuar

- ½ lugë çaji pluhur kili i kuq ose kajen

- 4 gota (948 mL) ujë

- 1 lugë çaji kripë deti të trashë

- ½ lugë çaji piper i zi i bluar

- Lëng ½ gëlqere

- 2 lugë maja ushqyese

- Kruton, për zbukurim

Drejtimet

a) Në një tenxhere të madhe supe, ngrohni vajin në nxehtësi mesatare-të lartë.

b) Shtoni kuminin dhe shafranin e Indisë dhe gatuajeni derisa farat të ziejnë, rreth 30 sekonda.

c) Shtoni domatet, rrënjën e xhenxhefilit, hudhrën, specin djegës, cilantro, pluhurin e kuq djegës dhe ujin. Lëreni të vlojë.

d) Ulni nxehtësinë në nxehtësinë mesatare-të ulët dhe ziejini për rreth 15 minuta. Pasi domatet të jenë të buta, përpunoni me një blender derisa të jenë të lëmuara.

e) Shtoni kripën, piperin e zi, lëngun e limonit dhe majanë ushqyese, nëse përdorni. Përziejini mirë dhe shërbejeni të nxehtë, të zbukuruar me krutona. Bëjeni këtë në një mini vakt duke shtuar një lugë gjelle oriz të zier kafe ose të bardhë basmati në secilën filxhan përpara se ta shërbeni.

25.   Supë Seitan Mulligatawny

RENDIMI: 12 filxhanë (2,84 L)

Përbërësit

- 1 filxhan (192 g) thjerrëza të kuqe të ndara (kafe) të thata (masoor dal), të pastruara dhe të lara

- 8 gota (1,90 L) ujë

- 1 qepë mesatare, e qëruar dhe e prerë përafërsisht

- 2 domate mesatare, të qëruara dhe të prera përafërsisht (1 filxhan i mbushur [160 g])

- 1 patate e vogël, e qëruar dhe e prerë në kubikë

- 1 lugë gjelle kokrra piper të zi të plotë

- 1 lugë çaji pluhur shafran i Indisë

- 1 (8 ons [227-g]) pako seitan i thjeshtë, i kulluar dhe i prerë në copa të vogla (2 gota)

- 2 lugë çaji kripë deti të trashë

- 1 lugë çaji piper i zi i bluar

- 1 lugë gjelle gram (qipe) miell (besan)

- 3 lugë vaj

- 3 lugë pastë xhenxhefil-hudhër

- 2 lugë çaji qimnon të bluar

- 2 lugë çaji koriandër të bluar

- 1 lugë çaji pluhur chili i kuq ose kajen

- Lëng nga 1 limon

Drejtimet

a) Vendosni thjerrëzat, ujin, qepën, domatet, patatet, kokrrat e piperit dhe shafranin e Indisë në një tenxhere të madhe dhe të rëndë supe. Lëreni të vlojë mbi nxehtësinë mesatare dhe më pas zvogëloni nxehtësinë në zjarr të ngadaltë.

b) Gatuani pjesërisht të mbuluara për 20 minuta.

c) Ndërkohë përziejmë seitanin, kripën dhe piperin e zi të bluar.

d) Kur supa të ketë mbaruar gatimin, përziejeni derisa të jetë homogjene ose me një blender zhytjeje, një blender të rregullt ose një blender më të fuqishëm. Përziejini në tufa nëse është e nevojshme.

e) Spërkateni lehtë seitanin me gram miell.

f) Në një tigan të vogël, ngrohni vajin në nxehtësi mesatare-të lartë.

g) Shtoni pastën me xhenxhefil-hudhër dhe skuqeni për 1 deri në 2 minuta. (Keni një kapak me dorë; vaji mund të spërkat. Vazhdoni të përzieni dhe uleni zjarrin nëse është e nevojshme.)

h) Shtoni qimnonin, koriandrin dhe pluhurin e kuq djegës dhe përzieni për 1 minutë.

i) Shtoni masën e seitanit dhe gatuajeni edhe për 3 minuta, derisa të skuqet pak.

j) Shtoni këtë përzierje në supë dhe lëreni të ziejë.

k) Shtoni lëngun e limonit.

l) Shërbejeni tubacionin të nxehtë, në tasa. Ju gjithashtu mund të shtoni një lugë gjelle oriz të gatuar në çdo tas përpara se të shtoni supën për cilësi të shtuar.

26.   Supë jeshile me erëza

REHNDIMI: 8 filxhanë

Përbërësit

- 2 lugë vaj

- 1 lugë çaji fara qimnoni

- 2 gjethe kasia

- 1 qepë e verdhë mesatare, e qëruar dhe e prerë përafërsisht

- 1 copë rrënjë xhenxhefil, e qëruar dhe e grirë ose e grirë

- 10 thelpinj hudhër, të qëruara dhe të prera përafërsisht

- 1 patate e vogël, e qëruar dhe e prerë fort

- 1–2 chiles jeshile Thai, serrano ose cayenne, të copëtuara

- 2 gota (290 g) bizele, të freskëta ose të ngrira

- 2 gota (60 g) zarzavate të paketuara të copëtuara

- 6 gota ujë

- ½ filxhan (8 g) cilantro e freskët e copëtuar

- 2 lugë çaji kripë deti të trashë

- ½ lugë çaji koriandër të bluar

- ½ lugë çaji qimnon i grirë i pjekur

- Lëng nga ½ limoni

- Kruton, për zbukurim

Drejtimet

a) Në një tenxhere të thellë dhe të rëndë supë, ngrohni vajin mbi nxehtësinë mesatare-të lartë.

b) Shtoni farat e qimnonit dhe gjethet e kasias dhe ngrohni derisa farat të ziejnë, rreth 30 sekonda.

c) Shtoni qepën, rrënjën e xhenxhefilit dhe hudhrën. Gatuani edhe 2 minuta të tjera, duke i përzier herë pas here.

d) Shtoni patatet dhe gatuajeni edhe për 2 minuta të tjera.

e) Shtoni specin djegës, bizelet dhe zarzavatet. Gatuani 1 deri në 2 minuta, derisa zarzavatet të jenë tharë.

f) Shtoni ujin. Lëreni të vlojë, ulni zjarrin dhe ziejini pa mbuluar për 5 minuta.

g) Shtoni cilantro.

h) Hiqni gjethet e kasias ose dafinës dhe përzieni me një blender zhytjeje.

i) Kthejeni supën në tenxhere. Shtoni kripën, korianderin dhe qimnonin e bluar. Kthejeni supën në një valë. Shtoni lëngun e limonit.

27.   Supë e Indisë së Jugut me domate dhe tamarindë

RENDIMI: 12 filxhanë (2,84 L)

Përbërësit

- ½ filxhan (96 g) bizele pëllumbi të thata të ndara dhe të lëkura (toor dal), të pastruara dhe të lara

- 4 domate mesatare, të qëruara dhe të prera përafërsisht (4 gota [640 g])

- 1 copë rrënjë xhenxhefil, e qëruar dhe e grirë ose e grirë

- 2 lugë çaji kripë deti të trashë

- 1 lugë çaji pluhur shafran i Indisë

- 1 filxhan (237 ml) lëng tamarinde

- 2 lugë pluhur Rasam

- 7 gota (1,66 L) ujë

- 1 luge vaj

- 1 lugë çaji fara mustardë të zezë

- 1 lugë çaji fara qimnoni

- 15-20 gjethe kerri, të prera përafërsisht

- 1 lugë gjelle e mbushur me cilantro të freskët të copëtuar, për zbukurim

- Feka limoni, për zbukurim

Drejtimet

a) Vendosni bizelet e pëllumbit, domatet, rrënjën e xhenxhefilit, kripën, shafranin e Indisë, lëngun e tamarindës, pluhurin Rasam dhe ujin në tenxhere të ngadaltë. Gatuani në temperaturë të lartë për 3 orë e gjysmë.

b) Përziejini me një blender zhytjeje, në një blender tradicional ose në një blender të fuqishëm.

c) Nderkohe mbi sobe bejme kalitjen (tarka). Në një tigan, ngrohni vajin në nxehtësi mesatare në të lartë. Shtoni mustardën dhe qimonin dhe gatuajeni derisa masa të skuqet, rreth 30 sekonda. Shtoni gjethet e kerit dhe gatuajini derisa gjethet të marrin pak ngjyrë kafe dhe të fillojnë të përkulen. Kini kujdes të përzieni herë pas here në mënyrë që erëzat të mos digjen. Pas 1 deri në 2 minuta, vendoseni përzierjen e nxehtë në tenxhere të ngadaltë.

d) Gatuani supën për 30 minuta të tjera dhe shërbejeni menjëherë, të zbukuruar me cilantro dhe një copë limoni.

28.   Kokoshka me erëza

RENDIMI: 10 filxhanë (2,37 L)

Përbërësit

- 1 luge vaj

- ½ filxhan (100 g) kokrra kokoshkash të papjekura

- 1 lugë çaji kripë deti të trashë

- 1 lugë çaji garam masala, Chaat Masala ose Sambhar Masala

- 1. Në një tigan të thellë dhe të rëndë, ngrohni vajin në nxehtësi mesatare-të lartë.

- 2. Shtoni kokrrat e kokoshkave.

- 3. Mbuloni tiganin dhe kthejeni zjarrin në mesatare-të ulët.

- 4. Gatuani derisa zhurma e kërcitjes të ngadalësohet, 6 deri në 8 minuta.

- 5. Fikni zjarrin dhe lërini kokoshkat të qëndrojnë me kapak për 3 minuta të tjera.

- 6. Spërkateni me kripë dhe masala. Shërbejeni menjëherë.

Drejtimet

a) Me darë, merrni një papad dhe ngroheni mbi sobë. Nëse keni një sobë me gaz, gatuajeni pikërisht mbi flakë, duke pasur kujdes që të fryni copat që marrin flakë. Rrotulloni vazhdimisht përpara dhe mbrapa derisa të gjitha pjesët të jenë gatuar dhe të freskëta. Nëse përdorni një sobë elektrike, ngrohini ato në një raft teli të vendosur mbi djegës dhe rrotullojeni vazhdimisht derisa të jenë të freskëta. Kini kujdes - ato digjen lehtësisht.

b) Vendosni pads dhe shërbejini menjëherë si meze të lehtë ose me darkë.

29.   Masala Papad

RENDRIMI: 6-10 meshë

Përbërësit

- 1 (6-10 numër) pako e blerë në dyqan (e bërë nga thjerrëzat)

- 2 lugë vaj

- 1 qepë e kuqe mesatare, e qëruar dhe e grirë

- 2 domate mesatare, të prera në kubikë

- 1-2 chiles jeshile Thai, serrano ose cayenne, kërcelli të hequr, të prera imët

- 1 lugë çaji Chaat Masala

- Pluhur djegës i kuq ose kajen, për shije

Drejtimet

a) Me darë, merrni një papad dhe ngroheni mbi sobë. Nëse keni një sobë me gaz, gatuajeni pikërisht mbi flakë, duke pasur kujdes që të fryni copat e vogla që marrin zjarr. Mënyra më e mirë për t'i gatuar këto është t'i rrotulloni vazhdimisht derisa të gjitha pjesët të jenë gatuar dhe të freskëta. Nëse përdorni një sobë elektrike, ngrohini ato në një raft teli të vendosur mbi djegës dhe rrotullojeni vazhdimisht derisa të jenë të freskëta. Kini kujdes - ato digjen lehtësisht.

b) Shtroni papadsat në një tabaka të madhe.

c) Me një furçë pastiçerie, lyeni lehtë çdo papad me vaj.

d) Në një tas të vogël, përzieni së bashku qepën, domatet dhe specin djegës.

e) Hidhni 2 lugë gjelle nga përzierja e qepëve mbi çdo papad.

f) Mbushni çdo papad me një spërkatje me chaat masala dhe pluhur të kuq chili. Shërbejeni menjëherë.

30.   Arra Masala të pjekura

RENDIMI: 4 filxhanë (948 ml)

Përbërësit

- 2 gota (276 g) shqeme të papërpunuara

- 2 gota (286 g) bajame të papërpunuara

- 1 lugë gjelle garam masala, Chaat Masala ose Sambhar Masala

- 1 lugë çaji kripë deti të trashë

- 1 luge vaj

- $\frac{1}{4}$ filxhan (41 g) rrush të thatë

Drejtimet

a) Vendosni një raft furre në pozicionin më të lartë dhe ngroheni furrën në 425°F (220°C). Rreshtoni një fletë pjekjeje me letër alumini për pastrim të lehtë.

b) Në një tas të thellë, përzieni së bashku të gjithë përbërësit përveç rrushit të thatë derisa arrat të jenë të veshura në mënyrë të barabartë.

c) Masën e arrave e rregullojmë në një shtresë të vetme në tepsi të përgatitur.

d) Piqni për 10 minuta, duke i përzier butësisht në gjysmë të kohës së gatimit për të siguruar që arrat të gatuhen në mënyrë të barabartë.

e) Hiqeni tavën nga furra. Shtoni rrushin e thatë dhe lëreni përzierjen të ftohet për të paktën 20 minuta. Ky hap është i rëndësishëm. Arrat e gatuara bëhen të përtypur, por rikthehen krokantësia e tyre pasi të jenë ftohur. Shërbejeni menjëherë ose ruajeni në një enë hermetike deri në një muaj.

31.   Bajame të pjekura dhe shqeme me erëza Chai

RENDIMI: 4 filxhanë (948 ml)

Përbërësit

- 2 gota (276 g) shqeme të papërpunuara

- 2 gota (286 g) bajame të papërpunuara

- 1 lugë gjelle Chai Masala

- 1 lugë gjelle jaggery (gur) ose sheqer kaf

- $\frac{1}{2}$ lugë çaji kripë deti të trashë

- 1 luge vaj

Drejtimet

a) Vendosni një raft furre në pozicionin më të lartë dhe ngroheni furrën në 425°F (220°C). Rreshtoni një fletë pjekjeje me letër alumini për pastrim të lehtë.

b) Në një tas të thellë, bashkoni të gjithë përbërësit dhe përzieni mirë derisa arrat të jenë të veshura në mënyrë të barabartë.

c) Masën e arrave e rregullojmë në një shtresë të vetme në tepsi të përgatitur.

d) Piqeni për 10 minuta, duke e përzier në gjysmë të kohës së gatimit për të siguruar që përzierja të gatuhet në mënyrë të barabartë.

e) Hiqeni fletën e pjekjes nga furra dhe lëreni përzierjen të ftohet për rreth 20 minuta. Ky hap është i rëndësishëm. Arrat e gatuara bëhen të përtypur, por rikthehen krokantësia e tyre pasi të jenë ftohur. Shërbejeni menjëherë ose ruajeni në një enë hermetike deri në një muaj.

34. Sallatë me fasule pikante

RENDIMI: 5 filxhanë (1,19 L)

Përbërësit

- 4 filxhanë fasule të gatuara (ose 2 kanaçe (426 gr), të kulluara dhe të shpëlarë)

- 1 patate mesatare, e zier dhe e prerë në kubikë

- ½ qepë e kuqe mesatare, e qëruar dhe e prerë në kubikë

- 1 domate mesatare, e prerë në kubikë

- 1 copë rrënjë xhenxhefil, e qëruar dhe e grirë ose e grirë

- 2–3 speca djegës tajlandez të gjelbër, serrano ose kajen, të copëtuara

- Lëng nga 1 limon

- 1 lugë çaji kripë e zezë (kala namak)

- 1 lugë çaji Chaat Masala

- ½ lugë çaji kripë deti të trashë

- ½-1 lugë çaji pluhur chili i kuq ose kajen

- ¼ filxhan (4 g) cilantro e freskët e copëtuar

- ¼ filxhan (59 mL) Tamarind-Date Chutney

Drejtimet

a) Në një tas të madh, përzieni së bashku të gjithë përbërësit përveç Chutney-t me Hurma Tamarind.

b) Ndani sallatën midis tasave të vegjël për servirje dhe sipër secilit me një lugë gjelle me Chutney Tamarind-Date.

32.   Lulelakra e pjekur dhe brokoli

RENDIMI: 8 filxhanë (1,90 L)

Përbërësit

- 1 lulelakër me kokë të madhe, luleshtrydhe të hequra dhe të prera në copa të vogla (3 filxhanë [300 g])

- 1 brokoli me kokë të madhe, lulet e hequra dhe të prera në copa të vogla (1 filxhan [100 g])

- 2 gota (320 g) domate qershi

- 1 lugë e mbushur me garam masala

- 2 lugë çaji kripë deti të trashë

- 2 lugë vaj

Drejtimet

a) Vendosni një raft furre në pozicionin më të lartë dhe ngroheni furrën në 425°F (220°C). Rreshtoni një fletë pjekjeje me letër alumini për pastrim të lehtë.

b) Vendosni lulelakrën, brokolin dhe domatet në një tas të madh dhe të gjerë.

c) Shtoni garam masala, kripë dhe vaj. Përziejini butësisht.

d) Masën e rregullojmë në tepsi të përgatitur. Gatuani për 30 minuta, duke e përzier një herë në gjysmë të kohës së gatimit. Lëreni të ftohet pak.

e) Shërbejeni me oriz, të mbushur në një pite, ose me roti ose naan.

33.   Puperat e qiqrave

RENDIMI: 4 filxhanë (948 ml)

Përbërësit

- 4 gota qiqra të gatuara ose 2 kanaçe qiqra 12 ons

- 1 lugë gjelle garam masala, Chaat Masala ose Sambhar Masala

- 2 lugë çaji kripë deti të trashë 2 lugë gjelle vaj

- 1 lugë çaji pluhur kili i kuq, piper kajen ose paprika, plus më shumë për spërkatje

Drejtimet

a) Vendosni një raft furre në pozicionin më të lartë dhe ngroheni furrën në 425°F (220°C). Rreshtoni një fletë pjekjeje me letër alumini për pastrim të lehtë.

b) Kullojini qiqrat në një kullesë të madhe për rreth 15 minuta për të hequr sa më shumë lagështi. Nëse përdorni konserva, shpëlajeni fillimisht.

c) Në një tas të madh, përzieni butësisht të gjithë përbërësit.

d) Në tepsi i rregullojmë në një shtresë qiqrat e stazhionuara.

e) Gatuani për 15 minuta. Nxirreni me kujdes tavën nga furra, përzieni butësisht që qiqrat të gatuhen në mënyrë të barabartë dhe ziejini edhe 10 minuta të tjera.

f) Lëreni të ftohet për 15 minuta. Spërkateni me pluhurin e kuq të kilit, piper kajen ose paprika.

Dip patëllxhani i pjekur

RENDIMI: 5 filxhanë (1,19 L)

Përbërësit

- 3 patëllxhanë të mesme me lëkurë (varietet i madh, i rrumbullakët, vjollcë)

- 2 lugë vaj

- 1 lugë çaji të mbushur me fara qimnoni

- 1 lugë çaji koriandër të bluar

- 1 lugë çaji pluhur shafran i Indisë

- 1 qepë e madhe e verdhë ose e kuqe, e qëruar dhe e prerë në kubikë

- 1 (5 centimetra) copë rrënjë xhenxhefili, e qëruar dhe e grirë ose e grirë

- 8 thelpinj hudhër, të qëruara dhe të grira ose të grira

- 2 domate mesatare, të qëruara (nëse është e mundur) dhe të prera në kubikë

- 1-4 speca djegës tajlandez, serrano ose kajenë jeshil, të copëtuara

- 1 lugë çaji pluhur chili i kuq ose kajen

- 1 lugë gjelle kripë deti të trashë

Drejtimet

a) Vendosni një raft furre në pozicionin e dytë më të
lartë. Ngrohni broilerin në 500°F (260°C). Rreshtoni
një fletë pjekjeje me letër alumini për të shmangur
rrëmujën më vonë.

b) Hapni vrima në patëllxhan me një pirun (për të lëshuar
avull) dhe vendosini në tepsi. Ziejini për 30 minuta,
duke e kthyer një herë. Lëkura do të karbonizohet dhe
do të digjet në disa zona kur të mbarojnë. Hiqeni fletën
e pjekjes nga furra dhe lëreni patëllxhanin të ftohet
për të paktën 15 minuta. Me një thikë të mprehtë,
prisni një të çarë për së gjati nga një skaj i çdo
patëllxhani në tjetrin dhe e hapni pak. Hiqni mishin e
pjekur brenda, duke pasur kujdes që të shmangni avullin
dhe të ruani sa më shumë lëng që të jetë e mundur.
Vendoseni mishin e patëllxhanit të pjekur në një tas—
do të keni rreth 4 gota (948 mL).

c) Në një tigan të thellë dhe të rëndë, ngrohni vajin mbi nxehtësinë mesatare-të lartë.

d) Shtoni qimnonin dhe gatuajeni derisa të ziejë, rreth 30 sekonda.

e) Shtoni korianderin dhe shafranin e Indisë. Përziejini dhe gatuajeni për 30 sekonda.

f) Shtoni qepën dhe skuqeni për 2 minuta.

g) Shtoni rrënjën e xhenxhefilit dhe hudhrën dhe gatuajeni edhe për 2 minuta të tjera.

h) Shtoni domatet dhe djegëset. Gatuani për 3 minuta, derisa masa të zbutet.

i) Shtoni mishin e patëllxhanëve të pjekur dhe gatuajeni për 5 minuta të tjera, duke e përzier herë pas here që të mos ngjitet.

j) Shtoni pluhurin e kuq të chilit dhe kripën. Në këtë pikë, duhet të hiqni dhe të hidhni çdo pjesë të humbur të lëkurës së patëllxhanit të djegur.

k) Përzieni këtë përzierje duke përdorur një blender zhytjeje ose në një blender të veçantë. Mos e teproni - duhet të ketë ende pak teksturë. Shërbejeni me feta naan të thekura, krakera ose patate të skuqura tortilla. Ju gjithashtu mund ta shërbeni atë tradicionalisht me një vakt indian me roti, thjerrëza dhe raita.

34.   Sheshe perimesh të pjekura

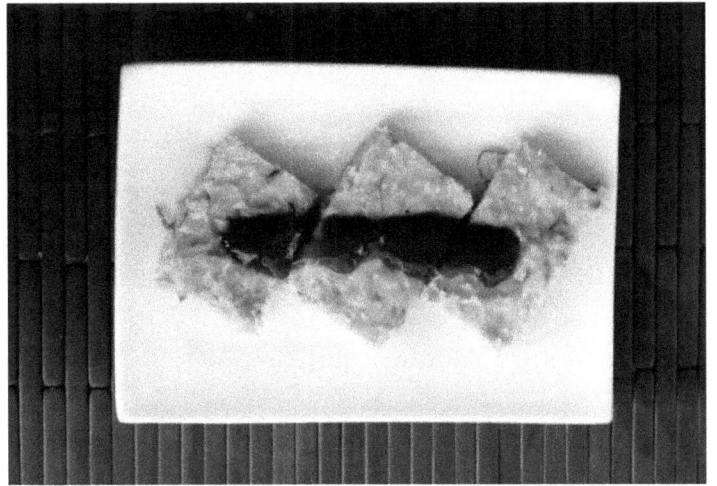

RENDIMI: 25 KATRORË TË MESËM

Përbërësit

- 2 gota (140 g) lakër të bardhë të grirë ($\frac{1}{2}$ kokë e vogël)

- 1 filxhan (100 g) lulelakër të grirë ($\frac{1}{4}$ kokë të mesme)

- 1 filxhan (124 g) kungull i njomë i grirë

- $\frac{1}{2}$ patate, e qëruar dhe e grirë

- $\frac{1}{2}$ qepë mesatare të verdhë ose të kuqe, të qëruar dhe të prerë në kubikë

- 1 copë rrënjë xhenxhefil, e qëruar dhe e grirë ose e grirë

- 3–4 speca djegës tajlandez, serrano ose kajenë jeshil, të copëtuara

- $\frac{1}{4}$ filxhan (4 g) cilantro e freskët e grirë

- 3 gota (276 gr) gram (qipe) miell (besan)

- $\frac{1}{2}$ paketë 12 ons tofu mëndafshi

- 1 lugë gjelle kripë deti të trashë

- 1 lugë çaji pluhur shafran i Indisë

- 1 lugë çaji pluhur chili i kuq ose kajen

- $\frac{1}{4}$ lugë çaji pluhur pjekjeje

- $\frac{1}{4}$ filxhan (59 ml) vaj

Drejtimet

a) Vendosni një raft furre në pozicionin e mesëm dhe ngroheni furrën në 350°F (180°C). Lyeni me vaj një tavë pjekjeje katrore 10 inç (25 cm). Përdorni një tavë më të madhe nëse dëshironi një pakore më të hollë dhe më të freskët.

b) Në një tas të thellë, kombinoni lakrën, lulelakrën, kungull i njomë, patatet, qepën, rrënjën e xhenxhefilit, specin djegës dhe cilantro.

c) Shtoni miellin dhe përzieni ngadalë derisa të bashkohet mirë. Ju ndihmon të përdorni duart tuaja për të përzier me të vërtetë gjithçka së bashku.

d) Në një përpunues ushqimi, blender ose një blender më të fuqishëm, përzieni tofu derisa të jetë e qetë.

e) Shtoni tofu të përzier, kripën, shafranin e Indisë, pluhurin e kuq të kilit, pluhurin për pjekje dhe vajin në përzierjen e perimeve. Përziejini.

f) Masën e derdhim në tavën e përgatitur për pjekje.

g) Piqni për 45 deri në 50 minuta, në varësi të ngrohjes së furrës tuaj. Pjata përfundon kur një kruese dhëmbësh e futur në mes të dalë e pastër.

h) Ftoheni për 10 minuta dhe priteni në katrorë. Shërbejeni me chutney-n tuaj të preferuar.

35.   Patate pikante me patate të ëmbla

RENDRIMI: 10 PAQE ME MADHËSITË MESIMORE

Përbërësit

- 1 patate e ëmbël e madhe (ose patate e bardhë), e qëruar dhe e prerë

- Zare $\frac{1}{2}$ inç (13 mm) (rreth 4 filxhanë [600 g])

- 3 lugë gjelle (45 mL) vaj, të ndara

- 1 lugë çaji fara qimnoni

- $\frac{1}{2}$ qepë mesatare të verdhë ose të kuqe, të qëruar dhe të prerë hollë

- 1 (1 inç [2,5 gr]) copë rrënjë xhenxhefili, e qëruar dhe e grirë ose e grirë

- 1 lugë çaji pluhur shafran i Indisë

- 1 lugë çaji koriandër të bluar

- 1 lugë çaji garam masala

- 1 lugë çaji pluhur chili i kuq ose kajen

- 1 filxhan (145 g) bizele, të freskëta ose të ngrira (shkrijeni fillimisht)

- 1–2 chiles jeshile Thai, serrano ose cayenne, të copëtuara

- 1 lugë çaji kripë deti të trashë

- ½ filxhan (46 gr) gram (qipe) miell (besan)

- 1 lugë gjelle lëng limoni

- Majdanoz i freskët i grirë ose cilantro, për zbukurim

Drejtimet

a) Ziejini patatet në avull derisa të zbuten, rreth 7 minuta. Lëreni të ftohet. Përdorni duart ose një matës patate për ta copëtuar butësisht. Do të keni rreth 3 gota (630 g) pure patate në këtë pikë.

b) Në një tigan të cekët, ngrohni 2 lugë vaj në nxehtësi mesatare-të lartë.

c) Shtoni kuminin dhe gatuajeni derisa të skuqet dhe të skuqet pak, rreth 30 sekonda.

d) Shtoni qepën, rrënjën e xhenxhefilit, shafranin e Indisë, korianderin, garam masala dhe pluhurin e kuq të chilit. Gatuani derisa të zbutet, edhe 2 deri në 3 minuta të tjera. Lëreni përzierjen të ftohet.

e) Pasi të jetë ftohur, përzierjen ia shtoni patateve, më pas bizelet, djegësin jeshil, kripën, miellin dhe lëngun e limonit.

f) Përziejini mirë me duar ose me lugë të madhe.

g) E formojmë masën në peta të vogla dhe i vendosim mënjanë në një tepsi.

h) Në një tigan të madh dhe të rëndë, ngrohni 1 lugë gjelle vaj të mbetur në nxehtësi mesatare-të lartë. Gatuani petat në tufa nga 2 deri në 4, në varësi të madhësisë së tiganit, për rreth 2 deri në 3 minuta nga çdo anë, derisa të marrin ngjyrë kafe.

i) Shërbejeni të nxehtë, të zbukuruar me majdanoz të freskët ose cilantro të grirë. Kjo petë mund të hahet si një sanduiç, në një shtrat me marule ose si një anë argëtuese për ushqimin tuaj. Përbërja do të ruhet për rreth 3 deri në 4 ditë në frigorifer. Për të bërë petën më tradicionale, përdorni patate të zakonshme në vend të patateve të ëmbla.

36.   Sallatë e mamasë me lakër

REHNDIMI: 2 filxhanë (474 ml)

Përbërësit

- 1 filxhan (192 g) thjerrëza të plota jeshile të mbirë (sabut moong)

- 1 qepë jeshile, e grirë

- 1 domate e vogël, e copëtuar ($\frac{1}{2}$ filxhan [80 g])

- $\frac{1}{2}$ piper i vogël i kuq ose i verdhë, i copëtuar ($\frac{1}{4}$ filxhan [38 g])

- 1 kastravec i vogël, i qëruar dhe i prerë

- 1 patate e vogël, e zier, e qëruar dhe e prerë

- 1 copë rrënjë xhenxhefil, e qëruar dhe e grirë ose e grirë

- 1–2 chiles jeshile Thai, serrano ose cayenne, të copëtuara

- $\frac{1}{4}$ filxhan (4 g) cilantro e freskët e copëtuar

- Lëng nga $\frac{1}{2}$ limoni ose gëlqere

- $\frac{1}{2}$ lugë çaji kripë deti

- ½ lugë çaji pluhur kili i kuq ose kajen

- ½ lugë çaji vaj

Drejtimet

a) I bashkojmë të gjithë përbërësit dhe i përziejmë mirë. Shërbejeni si një sallatë anësore ose si një rostiçeri e shpejtë, e shëndetshme me shumë proteina.

b) Gjërat brenda një pite me një avokado të copëtuar për një drekë të shpejtë.

37.   Sallatë me domate, kastravec dhe qepë

RENDIMI: 5 filxhanë (1,19 L)

Përbërësit

- 1 qepë e madhe e verdhë ose e kuqe, e qëruar dhe e prerë në kubikë

- 4 domate mesatare, të prera në kubikë

- 4 kastraveca mesatare, të qëruara dhe të prera në kubikë

- 1–3 speca djegës tajlandez jeshil, serrano ose kajen, të copëtuara

- Lëng nga 2 lime

- ¼ filxhan (4 g) cilantro e freskët e copëtuar

- 1 lugë çaji kripë deti të trashë

- 1 lugë çaji kripë e zezë (kala namak)

- 1 lugë çaji pluhur chili i kuq ose kajen

Drejtimet

a) Në një tas të madh bashkojmë të gjithë përbërësit dhe përziejmë mirë.

b) Shërbejeni menjëherë si shtesë për çdo pjatë, ose shërbejeni me një anë patatinash si një salsa e shpejtë dhe e shëndetshme. Kini parasysh që me kombinimin e gëlqeres dhe domateve, kjo sallatë nuk ka një jetëgjatësi të gjatë.

38.   Sanduiçe me sallatë vegjetale të Sharon

RENDIMI: 4 sanduiçe

Përbërësit

- 1 domate e madhe, e prerë në feta të trasha
- 1 spec i madh zile, i prerë hollë në rrathë
- 1 qepë e kuqe e madhe, e qëruar dhe e prerë hollë në rrathë
- Lëng nga 1 limon
- $\frac{1}{2}$ lugë çaji kripë deti të trashë
- $\frac{1}{2}$ lugë çaji kripë e zezë (kala namak)

Drejtimet

a) Rregulloni perimet në një pjatë me domate fillimisht, pastaj speca dhe rrathë qepë të shtruara sipër.

b) Spërkatni perimet me lëng limoni, kripë deti dhe kripë të zezë.

c) Shërbejeni menjëherë. Të ulesh në lëndinën e përparme dhe të bësh sanduiçe është opsionale.

39. Sallatë e rrugës me qiqra

RENDIMI: 5 filxhanë (1,19 L)

Përbërësit

- 4 gota (948 mL) Poppers me qiqra të gatuara me çdo masala

- 1 qepë mesatare e verdhë ose e kuqe, e qëruar dhe e prerë në kubikë

- 1 domate e madhe, e prerë në kubikë

- Lëng nga 2 limona

- ½ filxhan (8 g) cilantro e freskët e copëtuar

- 2–4 speca djegës tajlandez jeshil, serrano ose kajen, të copëtuara

- 1 lugë çaji kripë deti të trashë

- 1 lugë çaji kripë e zezë (kala namak)

- 1 lugë çaji pluhur chili i kuq ose kajen

- 1 lugë çaji Chaat Masala

- ½ filxhan (119 mL) Chutney mente

- ½ filxhan (119 mL) Chutney Tamarind–Date

- 1 filxhan (237 mL) Raita me kos soje

Drejtimet

a) Në një tas të thellë, përzieni së bashku pulat e qiqrave, qepën, domaten, lëngun e limonit, cilantron, specin djegës, kripën e detit, kripën e zezë, pluhurin e kuq djegës dhe Chaat Masala.

b) Ndani përzierjen midis tasave individualë për servirje.

c) Mbi çdo tas me një lugë gjelle me mente dhe tamarind-hurmë dhe kos Raita. Shërbejeni menjëherë.

40. Sallatë me misër në rrugë

RENDIMI: 4 filxhanë (948 ml)

Përbërësit

- 4 kallinj misri, të qëruar dhe të pastruar

- Lëng nga 1 limon mesatar

- 1 lugë çaji kripë deti të trashë

- 1 lugë çaji kripë e zezë (kala namak)

- 1 lugë çaji Chaat Masala

- 1 lugë çaji pluhur chili i kuq ose kajen

Drejtimet

a) Pjekim misrin derisa të karbonizohet pak.

b) Hiqni kokrrat nga misri.

c) Hidhni kokrrat e misrit në një enë dhe përzieni të gjithë përbërësit e tjerë. Shërbejeni menjëherë.

41.   Sallatë me karota krokante

RENDIMI: 5 filxhanë (1,19 L)

Përbërësit

- ½ filxhan (96 g) thjerrëza jeshile të ndara dhe të këputura

- 5 gota (550 g) karota të qëruara dhe të grira

- 1 daikon mesatar, i qëruar dhe i grirë

- ¼ filxhan (40 g) kikirikë të papërpunuar, të pjekur të thatë

- ¼ filxhan (4 g) cilantro e freskët e grirë

- Lëng nga 1 limon mesatar

- 2 lugë çaji kripë deti të trashë

- ½ lugë çaji pluhur kili i kuq ose kajen

- 1 luge vaj

- 1 lugë çaji të mbushur me fara mustarde të zeza

- 6-7 gjethe kerri, të prera përafërsisht

- 1-2 chiles jeshile Thai, serrano ose cayenne, të copëtuara

Drejtimet

a) Thjerrëzat i fusim në ujë të valuar për 20 deri në 25 minuta, derisa të jenë al dente. Kullojeni.

b) Vendosni karotat dhe daikon në një tas të thellë.

c) Shtoni thjerrëzat e kulluara, kikirikët, cilantron, lëngun e limonit, kripën dhe pluhurin e djegës së kuqe.

d) Në një tigan të cekët dhe të rëndë, ngrohni vajin në nxehtësi mesatare-të lartë.

e) Shtoni farat e sinapit. Mbulojeni tiganin (që të mos ju dalin dhe të mos ju djegin) dhe gatuajeni derisa farat të ziejnë, rreth 30 sekonda.

f) Shtoni me kujdes gjethet e kerit dhe djegësin jeshil.

g) Hidhni këtë përzierje mbi sallatën dhe përzieni mirë. Shërbejeni menjëherë, ose vendoseni në frigorifer përpara se ta shërbeni.

42.   Chaat shege

REHNDIMI: 3 gota

Përbërësit

- 2 shegë të mëdha, farat e hequra (3 gota [522 g])
- $\frac{1}{2}$-1 lugë çaji kripë e zezë (kala namak)

Drejtimet

a) Përziejini farat me kripën e zezë.

b) Shijojeni menjëherë, ose vendoseni në frigorifer deri në një javë.

43. Sallatë frutash Masala

RENDIMI: 9–10 kupa

Përbërësit

- 1 pjepër mesatare të pjekur, të qëruar dhe të prerë në kubikë (7 filxhanë [1,09 kg])

- 3 banane mesatare, të qëruara dhe të prera në feta

- 1 filxhan (100 g) rrush pa fara

- 2 dardha mesatare, të prera dhe të prera në kubikë

- 2 mollë të vogla, të prera dhe të prera në kubikë (1 filxhan [300 g)

- Lëng nga 1 limon ose gëlqere

- $\frac{1}{2}$ lugë çaji kripë deti të trashë

- $\frac{1}{2}$ lugë çaji Chaat Masala

- $\frac{1}{2}$ lugë çaji kripë e zezë (kala namak)

- $\frac{1}{2}$ lugë çaji pluhur kili i kuq ose kajen

Drejtimet

a) Në një tas të madh, përzieni butësisht të gjithë përbërësit.

b) Shërbejeni menjëherë mënyrën tradicionale të ushqimit në rrugë, në tas të vegjël me kruese dhëmbësh.

44. Sallatë me portokall

RENDIMI: 3½ filxhanë (830 ml)

Përbërësit

- 3 portokall mesatarë, të qëruar, të prerë dhe të prerë në kubikë (3 gota [450 g])

- 1 qepë e vogël e verdhë ose e kuqe, e qëruar dhe e grirë

- 10-12 ullinj të zi Kalamata, pa koriza dhe të grira në copa

- ¼ filxhan (4 g) cilantro e freskët e copëtuar

- Lëng nga 2 lime të mesme

- ½ lugë çaji kripë deti të trashë

- ½ lugë çaji kripë e zezë (kala namak)

- ½ lugë çaji garam masala

- ½ lugë çaji piper i zi i bluar

- ¼ lugë çaji pluhur chili i kuq ose kajen

Drejtimet

a) Përziejini butësisht të gjithë përbërësit. Lëreni në frigorifer për të paktën 30 minuta përpara se ta shërbeni.

45.   Oriz kafe dhe fasule Adzuki Dhokla

RENDIMI: RRETH 2 DISHITË KARESE TË VOGËL

- ½ filxhan (95 g) oriz kafe basmati, i larë

- ½ filxhan (95 g) oriz basmati të bardhë, i larë

- ½ filxhan (99 g) fasule adzuki të plota me lëkurë, të mbledhura dhe të lara

- 2 lugë gram të ndarë (chana dal)

- ¼ lugë çaji fara fenugreek

- ½ paketë 12 ons tofu të butë mëndafshi

- Lëng nga 1 limon mesatar

- 1 lugë çaji kripë deti të trashë

- 1 filxhan (237 ml) ujë

- ½ lugë çaji eno ose sodë buke

- ½ lugë çaji pluhur kili i kuq, kajen ose paprika

- 1 luge vaj

- 1 lugë çaji fara mustardë kafe ose të zezë

- 15-20 gjethe kerri, të prera përafërsisht

- 1-3 speca djegës tajlandez të gjelbër, serrano ose kajen, kërcelli të hequr, të prerë në feta për së gjati

Drejtimet

a) Thithni orizin kafe dhe të bardhë, fasulet adzuki, gram të ndarë dhe fenugreek së bashku në ujë gjatë natës.

b) Në një blender të fuqishëm, kombinoni përzierjen e kulluar të orizit dhe thjerrëzave, tofu-n, lëngun e limonit, kripën dhe 1 filxhan ujë.

c) Bluajeni në të lartë për 4 deri në 5 minuta, derisa të jetë e qetë. Jini të durueshëm. Mund t'ju duhet të ndaloni dhe të gërvishtni anët e enës në mënyrë që të përzihet në mënyrë të barabartë. Hidheni përzierjen në një tas të thellë.

d) Lëreni brumin të qëndrojë për 2 deri në 3 orë. Jo më, ose do të fillojë të thahet.

e) Lyejeni me vaj një tigan të thellë katror. (E imja është 22,5 centimetra katrore dhe 5 centimetra e thellë.)

f) Spërkateni eno ose sodën e bukës në pjesën e poshtme dhe përzieni butësisht 2 ose 3 herë. Do ta shihni menjëherë se ajo fillon të flluskojë.

g) Derdhni brumin në tavën e përgatitur.

h) Sillni pak ujë të ziejë në një kazan të dyfishtë aq të gjerë sa të përshtatet tigani juaj katror. Vendoseni tiganin katror butësisht në pjesën e sipërme të bojlerit të dyfishtë.

i) Mbulojeni tiganin dhe ziejini me avull për 12 deri në 15 minuta. Dhokla gatuhet kur një kruese dhëmbësh e futur në mes të dalë e pastër. Hiqeni kapakun dhe lëreni të ftohet për 10 minuta në tigan.

j) Hiqeni me kujdes tavën katrore nga kaldaja e dyfishtë.

k) Dhoklat e presim ngadalë në katrorë dhe i rregullojmë në një piramidë në një pjatë të madhe.

l) I spërkasim me djegës të kuq, kajen ose paprika.

m) Përgatitni kalitjen. Në një tigan, ngrohni 1 lugë gjelle vaj në nxehtësi mesatare në të lartë. Shtoni farat e sinapit. Pasi të fillojnë të dalin, shtoni gjethet e kerit dhe djegësin.

n) Këtë masë e hedhim në mënyrë të barabartë mbi dokla. Shërbejeni menjëherë me një anë mente-cilantro ose kokosi.

46. Kos soje Raita

REHNDIMI: 1 KUP

Përbërësit

- 1 filxhan (237 mL) kos soje të thjeshtë, pa sheqer

- 1 kastravec i qëruar, i grirë dhe i shtrydhur për të hequr ujin e tepërt

- $\frac{1}{2}$ lugë çaji qimnon i grirë i pjekur

- $\frac{1}{2}$ lugë çaji kripë deti të trashë

- $\frac{1}{2}$ lugë çaji kripë e zezë (kala namak)

- $\frac{1}{2}$ lugë çaji pluhur djegës i kuq

- Lëng nga $\frac{1}{2}$ limoni ose gëlqere

Drejtimet

a) Në një enë, përzieni së bashku të gjithë përbërësit. Shërbejeni menjëherë.

LEBUZJA, FATHJA DHE THJERRJA

47.   Qiqrra të ziera të gatuara, të thjeshta

Përbërësit

- 3 gota të plota, qiqra të zeza të thara (kala chana), të mbledhura dhe të lara

- 5 gota ujë

Drejtimet

a) Hidhni qiqrat dhe ujin në tenxhere të ngadaltë.

b) Gatuani në temperaturë të ulët për 4 orë.

c) Lajini fasulet në një kullesë me ujë të ftohtë për të ndaluar procesin e gatimit dhe për të kulluar lëngun e tepërt.

d) Ruani fasulet në frigorifer deri në 1 javë ose në frigorifer deri në 3 muaj.

48.　　Qiqrra të bardha të gatuara, të thjeshta

Përbërësit

- 3 gota të plota, qiqra të bardha të thara, të mbledhura dhe të lara

- 5 gota ujë

Drejtimet

a) Hidhni qiqrat dhe ujin në tenxhere të ngadaltë.

b) Gatuani në temperaturë të lartë për 4 orë.

c) Lajini fasulet në një kullesë me ujë të ftohtë për të ndaluar procesin e gatimit dhe për të kulluar lëngun e tepërt.

d) Ruani fasulet në frigorifer deri në 1 javë ose në frigorifer deri në 3 muaj.

49.   Thjerrëza të gatuara, të thjeshta kafe

Përbërësit

- 3 gota (576 g) thjerrëza të plota kafe (masoor dal), të marra dhe të lara

- 5 gota ujë

Drejtimet

a) Vendosni thjerrëzat dhe ujin në tenxhere të ngadaltë.

b) Gatuani në temperaturë të ulët për 3 orë.

c) Lajini fasulet në një kullesë me ujë të ftohtë për të ndaluar procesin e gatimit dhe për të kulluar lëngun e tepërt.

d) Ruani thjerrëzat në frigorifer deri në 1 javë ose në frigorifer deri në 3 muaj.

50. Fasule të zeza të gatuara, të thjeshta

RENDIMI: 7 filxhanë (1,66 L)

Përbërësit

- 3 gota të plota, fasule të zeza të thara, të mbledhura dhe të lara

- 5 gota ujë

Drejtimet

a) Hidhni fasulet e zeza dhe ujin në tenxhere të ngadaltë. Gatuani në temperaturë të ulët për 4 orë. Gatuani edhe pak nëse dëshironi që fasulet të jenë më të buta.

b) Lajini fasulet në një kullesë me ujë të ftohtë për të ndaluar procesin e gatimit dhe për të kulluar lëngun e tepërt.

c) Ruani fasulet në frigorifer deri në 1 javë dhe në frigorifer deri në 3 muaj. Kjo do të jetë një bazë e shkëlqyeshme për sallata, zhytje, çat dhe pjata të tjera gjatë gjithë javës.

51. Bizele të gatuara, të thjeshta me sy të zinj

REHNDIMI: 7 filxhanë

Përbërësit

- 3 gota të plota, bizele të thata me sy të zinj, të mbledhura dhe të lara

- 5 gota ujë

Drejtimet

a) Hidhni bizelet syzeza dhe ujin në tenxhere të ngadaltë.

b) Gatuani në temperaturë të ulët për 4 orë.

c) Lajini fasulet në një kullesë me ujë të ftohtë për të ndaluar procesin e gatimit dhe për të kulluar lëngun e tepërt.

d) Ruani fasulet në frigorifer deri në 1 javë ose në frigorifer deri në 3 muaj.

52.　　Fasule të gatuara, të thjeshta

REHNDIMI: 8 filxhanë

Përbërësit

- 3 gota fasule të thata të plota, të mbledhura dhe të lara
- 6 gota ujë, për njomje
- 5 gota ujë, për gatim

Drejtimet

a) Thithni fasulet në 6 gota me ujë të zier për 5 orë.

b) Kullojeni.

c) Hidhni fasulet në tenxhere të ngadaltë dhe shtoni 5 gota me ujë të zierjes.

d) Gatuani në temperaturë të ulët për 4 orë e gjysmë.

e) Lajini fasulet në një kullesë me ujë të ftohtë për të ndaluar procesin e gatimit dhe për të kulluar lëngun e tepërt.

f) Ruani fasulet në frigorifer deri në 1 javë ose në frigorifer deri në 3 muaj.

53.　　Thjerrëza të gatuara, të thjeshta jeshile

REHNDIMI: 8 filxhanë

Përbërësit

- 3 gota (576 g) thjerrëza jeshile të thata të plota (sabut moong dal), të marra dhe të lara

- 5 gota ujë

Drejtimet

a) Vendosni thjerrëzat dhe ujin në tenxhere të ngadaltë. Gatuani në temperaturë të ulët për 2 orë e gjysmë. Zbulova se nxehtësia e ulët funksionoi më mirë për thjerrëzat, të cilat mund të thahen lehtësisht nëse gatuhen në temperaturë të lartë.

b) Lajini fasulet në një kullesë me ujë të ftohtë për të ndaluar procesin e gatimit dhe për të kulluar lëngun e tepërt.

c) Thjerrëzat ruhen në frigorifer deri në 1 javë dhe në frigorifer deri në 3 muaj.

54.   Fasule Adzuki të gatuara, të thjeshta

REHNDIMI: 8 filxhanë

Përbërësit

- 3 gota (591 g) fasule adzuki të thata të plota, të mbledhura dhe të lara

- 5 gota ujë

Drejtimet

a) Hidhni fasulet dhe ujin në tenxhere të ngadaltë.

b) Gatuani në temperaturë të ulët për 3 orë e gjysmë.

c) Lajini fasulet në një kullesë me ujë të ftohtë për të ndaluar procesin e gatimit dhe për të kulluar lëngun e tepërt.

d) Ruani fasulet në frigorifer deri në 1 javë dhe në frigorifer deri në 3 muaj.

55. Hummus indian verior

REHNDIMI: 2 filxhanë

Përbërësit

- 2 gota (396 g) fasule të plota ose thjerrëza të gatuara
- Lëng nga 1 limon mesatar
- 1 thelpi hudhër, të qëruar, të prerë dhe të grirë trashë
- 1 lugë çaji kripë deti të trashë
- 1 lugë çaji piper i zi i bluar
- $\frac{1}{2}$ lugë çaji qimnon i grirë i pjekur
- $\frac{1}{2}$ lugë çaji koriandër të bluar
- $\frac{1}{4}$ filxhan (4 g) cilantro e freskët e copëtuar
- ⅓ filxhan (79 mL) plus 1 lugë gjelle vaj ulliri
- 1-4 lugë gjelle (15–60 ml) ujë
- $\frac{1}{2}$ lugë çaji paprika, për zbukurim

Drejtimet

a) Në një përpunues ushqimi, kombinoni fasulet ose thjerrëzat, lëngun e limonit, hudhrën, kripën, piperin e zi, qimnonin, koriandrën dhe cilantron. Procedoni derisa të përzihet mirë.

b) Me makinën ende në punë, shtoni vajin. Vazhdoni të përpunoni derisa masa të bëhet kremoze dhe e lëmuar, duke shtuar ujë sipas nevojës, nga 1 lugë gjelle.

56.   Fasule ose thjerrëza Masala të pjekura

RENDIMI: 4 filxhanë (948 ml)

Përbërësit

- 4 gota fasule të plota ose thjerrëza të gatuara

- 1 lugë gjelle garam masala, Chaat Masala ose Sambhar
  Masala

- 2 lugë çaji kripë deti të trashë

- 2 lugë vaj

- 1 lugë çaji pluhur djegës të kuq, kajen ose paprika

Drejtimet

a) Ngrohni furrën në 425°F (220°C). Rreshtoni një fletë pjekjeje me letër alumini për pastrim të lehtë.

b) Në një tas të madh, përzieni butësisht së bashku fasulet ose thjerrëzat, masala, kripën dhe vajin.

c) Në tepsi të përgatitur i radhisim në një shtresë fasulet ose thjerrëzat e stazhionuara.

d) Piqeni për 25 minuta.

e) Spërkateni me djegës të kuq, kajen ose paprika.

57.   Sallatë e ngrohtë indiane veriore

REHNDIMI: 3 gota

Përbërësit

- 1 luge vaj

- 1 lugë çaji fara qimnoni

- ½ lugë çaji pluhur shafran i Indisë

- 1 qepë mesatare të verdhë ose të kuqe, të qëruar dhe
  të grirë

- Rrënjë xhenxhefili 1 copë, e qëruar dhe e prerë në
  shkopinj shkrepse

- 2 thelpinj hudhër, të qëruara dhe të grira

- 1-2 chiles jeshile Thai, serrano ose cayenne

- 2 gota (396 g) fasule të plota ose thjerrëza të gatuara

- 1 lugë çaji kripë deti të trashë

- ½ lugë çaji pluhur kili i kuq ose kajen

- ½ lugë çaji kripë e zezë (kala namak)

- ¼ filxhan (4 g) cilantro e freskët e copëtuar

Drejtimet

a) Në një tigan të thellë dhe të rëndë, ngrohni vajin mbi nxehtësinë mesatare-të lartë.

b) Shtoni kuminin dhe shafranin e Indisë. Gatuani derisa farat të skuqen, rreth 30 sekonda.

c) Shtoni qepën, rrënjën e xhenxhefilit, hudhrën dhe specin djegës. Gatuani derisa të marrin ngjyrë kafe, rreth 2 minuta.

d) Shtoni fasulet ose thjerrëzat. Gatuani edhe 2 minuta të tjera.

e) Shtoni kripën e detit, pluhurin e kilit, kripën e zezë dhe cilantron. Përziejini mirë dhe shërbejeni.

58. Sallatë e ftohtë indiane në rrugë

REHNDIMI: 6 filxhanë

Përbërësit

- 4 gota fasule të plota ose thjerrëza të gatuara
- 1 qepë e kuqe mesatare, e qëruar dhe e prerë në kubikë
- 1 domate mesatare, e prerë në kubikë
- 1 kastravec i vogël, i qëruar dhe i prerë në kubikë
- 1 daikon mesatar, i qëruar dhe i grirë
- 1-2 chiles jeshile Thai, serrano ose cayenne, të copëtuara
- $\frac{1}{4}$ filxhan (4 g) cilantro e freskët e grirë, e grirë
- Lëng i 1 limoni të madh
- 1 lugë çaji kripë deti të trashë
- $\frac{1}{2}$ lugë çaji kripë e zezë (kala namak)
- $\frac{1}{2}$ lugë çaji Chaat Masala
- $\frac{1}{2}$ lugë çaji pluhur kili i kuq ose kajen

- 1 lugë çaji shafran i Indisë i bardhë i freskët, i qëruar dhe i grirë (sipas dëshirës)

Drejtimet

a) Në një tas të thellë përzieni të gjithë përbërësit.

b) Shërbejeni menjëherë si sallatë anësore ose të mbështjellë me një gjethe marule.

59.   Fasule ose thjerrëza Quickie Masala

RENDIMI: 5 filxhanë (1,19 L)

Përbërësit

- 1 filxhan (237 mL) Gila Masala

- 1 filxhan (150 g) perime të copëtuara

- 1-3 speca djegës tajlandez, serrano ose kajen, të copëtuara

- 1 lugë çaji garam masala

- 1 lugë çaji koriandër të bluar

- 1 lugë çaji qimnon i grirë i pjekur

- ½ lugë çaji pluhur kili i kuq ose kajen

- 1½ lugë çaji kripë deti të trashë

- 2 gota (474 mL) ujë

- 2 gota (396 g) fasule të plota ose thjerrëza të gatuara

- 1 lugë gjelle cilantro e freskët e copëtuar, për zbukurim

Drejtimet

a) Në një tenxhere të thellë dhe të rëndë, ngrohni Gila Masala në nxehtësi mesatare deri në të lartë derisa të fillojë të flluskojë.

b) Shtoni perimet, specin djegës, garam masala, koriandër, qimnon, pluhurin e kuq djegës, kripë dhe ujë. Ziejini derisa perimet të zbuten, 15 deri në 20 minuta.

c) Shtoni fasulet ose thjerrëzat. Gatuani derisa të nxehet.

d) Zbukuroni me cilantro dhe shërbejeni menjëherë me oriz basmati kafe ose të bardhë, roti ose naan.

60. Sallatë me bishtajore indiane jugore me kokos

RENDIMI: 4 filxhanë

Përbërësit

- 2 lugë vaj kokosi

- ½ lugë çaji asafetida (hing)

- 1 lugë çaji fara mustardë të zezë

- 10–12 gjethe kerri, të prera trashë

- 2 lugë arrë kokosi të grirë pa sheqer

- 4 gota fasule të plota ose thjerrëza të gatuara

- 1 lugë çaji kripë deti të trashë

- 1–2 chiles tajlandeze, serrano ose kajene,

Drejtimet

a) Në një tigan të thellë dhe të rëndë, ngrohni vajin mbi nxehtësinë mesatare-të lartë.

b) Shtoni asafetida, mustardën, gjethet e kerit dhe kokosin. Ngroheni derisa farat të dalin, rreth 30 sekonda. Kini kujdes që të mos digjen gjethet e kerit ose kokosit. Farat mund të dalin, kështu që mbani një kapak pranë.

c) Shtoni fasulet ose thjerrëzat, kripën dhe djegësin. Përziejini mirë dhe shërbejeni menjëherë.

61.   Fasule ose thjerrëza të indisë së Veriut

REHNDIMI: 5 gota

Përbërësit

- 2 luge vaj

- ½ lugë çaji asafetida (hing)

- 2 lugë çaji fara qimnoni

- ½ lugë çaji pluhur shafran i Indisë

- 1 shkop kanelle

- 1 gjethe kasia (ose gjethe dafine)

- ½ qepë mesatare të verdhë ose të kuqe, të qëruar dhe të grirë

- 1 copë rrënjë xhenxhefil, e qëruar dhe e grirë ose e grirë

- 4 thelpinj hudhra, të qëruara dhe të grira ose të grira

- 2 domate të mëdha, të qëruara dhe të prera në kubikë

- 2-4 speca djegës tajlandez jeshil, serrano ose kajen, të copëtuara

- 4 gota fasule të plota ose thjerrëza të gatuara

- 4 gota ujë

- 1½ lugë çaji kripë deti të trashë

- 1 lugë çaji pluhur chili i kuq ose kajen

- 2 lugë gjelle cilantro të freskët të copëtuar, për zbukurim

Drejtimet

a) Në një tenxhere të rëndë, ngrohni vajin në nxehtësi mesatare-të lartë.

b) Shtoni asafetida, qimnon, shafran i Indisë, kanellën dhe gjethen e kasias dhe gatuajeni derisa farat të ziejnë, rreth 30 sekonda.

c) Shtoni qepën dhe gatuajeni derisa të skuqet pak, rreth 3 minuta. E trazojmë shpesh që qepa të mos ngjitet në tigan.

d) Shtoni rrënjën e xhenxhefilit dhe hudhrën. Gatuani edhe 2 minuta të tjera.

e) Shtoni domatet dhe djegësin jeshil.

f) Ulni nxehtësinë në mesatare-të ulët dhe gatuajeni për 3 deri në 5 minuta, derisa domatet të fillojnë të prishen.

g) Shtoni fasulet ose thjerrëzat dhe gatuajeni edhe për 2 minuta të tjera.

h) Shtoni ujin, kripën dhe pluhurin e kuq djegës. Lëreni të vlojë.

i) Pasi masa të vlojë, zvogëloni zjarrin dhe ziejini për 10 deri në 15 minuta.

j) Zbukuroni me cilantro dhe shërbejeni me oriz basmati kafe ose të bardhë, roti ose naan.

62.   Fasule indiane jugore me gjethe kerri

RENDIMI: 6 filxhanë (1,42 L)

Përbërësit

- 2 lugë vaj kokosi

- $\frac{1}{2}$ lugë çaji pluhur asafetida (hing)

- $\frac{1}{2}$ lugë çaji pluhur shafran i Indisë

- 1 lugë çaji fara qimnoni

- 1 lugë çaji fara mustardë të zezë

- 15-20 gjethe kerri të freskëta, të grira trashë

- 6 speca të kuq të tharë të plotë, të prera në copa të mëdha

- $\frac{1}{2}$ qepë mesatare të verdhë ose të kuqe, të qëruar dhe të prerë në kubikë

- 1 (14 oz. [420 ml]) mund të qumështi i kokosit, me yndyrë të lehtë ose të plotë

- 1 filxhan (237 ml) ujë

- 1 lugë çaji pluhur Rasam ose Sambhar Masala

- $1\frac{1}{2}$ lugë çaji kripë deti të trashë

- 1 lugë çaji pluhur chili i kuq ose kajen

- 3 gota (576 g) fasule të plota ose thjerrëza të gatuara

- 1 lugë gjelle cilantro e freskët e copëtuar, për zbukurim

Drejtimet

a) Në një tenxhere të thellë dhe të rëndë, ngrohni vajin në nxehtësi mesatare-të lartë.

b) Shtoni asafetida, shafran i Indisë, qimnon, mustardën, gjethet e kerit dhe specat e kuq. Gatuani derisa farat të skuqen, rreth 30 sekonda. Farat e sinapit mund të dalin, kështu që mbani një kapak pranë.

c) Shtoni qepën. Gatuani derisa të marrin ngjyrë kafe, rreth 2 minuta, duke e përzier shpesh për të parandaluar ngjitjen.

d) Shtoni qumështin e kokosit, ujin, pluhurin Rasam ose Sambhar Masala, kripën dhe pluhurin e djegës së kuqe. Lëreni të vlojë dhe më pas ulni zjarrin dhe ziejini për 1 deri në 2 minuta, derisa shijet të mbushin qumështin.

e) Shtoni fasulet ose thjerrëzat. Ngroheni dhe ziejini për 2 deri në 4 minuta, derisa bishtajoret të jenë të mbushura me shije. Shtoni një filxhan tjetër ujë nëse dëshironi një konsistencë supë. Shërbejeni menjëherë, të zbukuruar me cilantro, në tas të thellë me oriz basmati kafe ose të bardhë.

63. Kari i frymëzuar nga Goan me qumësht kokosi

RENDIMI: 6 filxhanë (1,42 L)

Përbërësit

- 1 luge vaj

- ½ qepë e madhe, e qëruar dhe e prerë në kubikë

- 1 copë rrënjë xhenxhefil, e qëruar dhe e grirë ose e grirë

- 4 thelpinj hudhra, të qëruara dhe të grira ose të grira

- 1 domate e madhe, e prerë në kubikë (2 gota)

- 1-3 speca djegës tajlandez jeshil, serrano ose kajen, të copëtuara

- 1 lugë gjelle koriandër të bluar

- 1 lugë qimnon i bluar

- 1 lugë çaji pluhur shafran i Indisë

- 1 lugë çaji pastë tamarindi

- 1 lugë çaji i mbushur me jaggery (gur) ose sheqer kaf

- 1½ lugë çaji kripë deti të trashë

- 3 gota (711 mL) ujë

- 4 gota thjerrëza ose fasule të plota të gatuara (bizelet me sy të zinj janë tradicionale)

- 1 filxhan (237 mL) qumësht kokosi, i rregullt ose i lehtë

- Lëng nga $\frac{1}{2}$ limoni mesatar

- 1 lugë gjelle cilantro e freskët e copëtuar, për zbukurim

Drejtimet

a) Në një tenxhere të thellë dhe të rëndë, ngrohni vajin në nxehtësi mesatare-të lartë.

b) Shtoni qepën dhe gatuajeni për 2 minuta, derisa të skuqet pak.

c) Shtoni rrënjën e xhenxhefilit dhe hudhrën. Gatuani edhe një minutë.

d) Shtoni domatet, specin djegës, korianderin, qimnonin, shafranin e Indisë, marinën, kërpudhat, kripën dhe ujin.

e) Lëreni të vlojë, zvogëloni zjarrin dhe ziejini pa mbuluar për 15 minuta.

f) Shtoni thjerrëzat ose fasulet dhe qumështin e kokosit dhe ngroheni.

g) Shtoni lëngun e limonit dhe zbukurojeni me cilantro. Shërbejeni me oriz basmati kafe ose të bardhë, roti ose naan.

64.   Bishtajoret Chana Masala

RENDIMI: 6 filxhanë (1,42 L)

Përbërësit

- 2 lugë vaj

- 1 lugë çaji të mbushur me fara qimnoni

- ½ lugë çaji pluhur shafran i Indisë

- 2 lugë Chana Masala

- 1 qepë e madhe e verdhë ose e kuqe, e qëruar dhe e prerë në kubikë

- 1 (5 centimetra) copë rrënjë xhenxhefili, e qëruar dhe e grirë ose e grirë

- 4 thelpinj hudhra, të qëruara dhe të grira ose të grira

- 2 domate mesatare, të prera në kubikë

- 1-3 speca djegës tajlandez jeshil, serrano ose kajen, të copëtuara

- 1 lugë çaji pluhur chili i kuq ose kajen

- 1 lugë gjelle kripë deti të trashë

- 1 filxhan (237 ml) ujë

- 4 filxhanë fasule ose thjerrëza të plota të gatuara (qubrat e bardha janë tradicionale)

Drejtimet

a) Në një tigan të thellë dhe të rëndë, ngrohni vajin mbi nxehtësinë mesatare-të lartë.

b) Shtoni qimnonin, shafranin e Indisë dhe Chana Masala dhe gatuajeni derisa farat të ziejnë, rreth 30 sekonda.

c) Shtoni qepën dhe gatuajeni derisa të zbutet, rreth një minutë.

d) Shtoni rrënjën e xhenxhefilit dhe hudhrën. Gatuani edhe një minutë.

e) Shtoni domatet, djegësin jeshil, pluhurin e kuq të djegës, kripën dhe ujin.

f) Lëreni të vlojë, zvogëloni nxehtësinë dhe ziejini përzierjen për 10 minuta, derisa të gjithë përbërësit të bashkohen.

g) Shtoni fasulet ose thjerrëzat dhe gatuajeni. Shërbejeni mbi oriz basmati kafe ose të bardhë ose me roti ose naan.

65.   Fasule Punjabi Curried

RENDIMI: 7 filxhanë (1,66 L)

Përbërësit

- 1 qepë mesatare e verdhë ose e kuqe, e qëruar dhe e prerë përafërsisht

- 1 copë rrënjë xhenxhefili, e qëruar dhe e prerë përafërsisht

- 4 thelpinj hudhra, të qëruara dhe të prera

- 2–4 chiles jeshile Thai, serrano ose cayenne

- 2 lugë vaj

- $\frac{1}{2}$ lugë çaji asafetida (hing)

- 2 lugë çaji fara qimnoni

- 1 lugë çaji pluhur shafran i Indisë

- 1 shkop kanelle

- 2 karafil të tërë

- 1 bisht i zi kardamom

- 2 domate mesatare, të qëruara dhe të prera në kubikë (1 filxhan)

- 2 lugë pastë domate

- 4 gota fasule të plota ose thjerrëza të gatuara

- 2 gota (474 mL) ujë

- 2 lugë çaji kripë deti të trashë

- 2 lugë çaji garam masala

- 1 lugë çaji pluhur chili i kuq ose kajen

- 2 lugë gjelle të mbushura me cilantro të freskët të grirë

Drejtimet

a) Në një përpunues ushqimi, përpunoni qepën, rrënjën e xhenxhefilit, hudhrën dhe djegësin në një pastë me ujë.

b) Në një tigan të thellë dhe të rëndë, ngrohni vajin mbi nxehtësinë mesatare-të lartë.

c) Shtoni asafetida, qimnon, shafran i Indisë, kanellën, karafilin dhe kardamonin. Gatuani derisa masa të skuqet, rreth 30 sekonda.

d) Ngadalë shtoni pastën e qepës. Kini kujdes - kjo mund të spërkat kur bie në vajin e nxehtë. Gatuani derisa të marrin ngjyrë kafe, duke e përzier herë pas here, rreth 2 minuta.

e) Shtoni domatet, pastën e domates, thjerrëzat ose fasulet, ujin, kripën, garam masala dhe pluhurin e kuq të chilit.

f) Lëreni përzierjen të vlojë, më pas ulni zjarrin dhe ziejini për 10 minuta.

g) Hiqni të gjitha erëzat. Shtoni cilantron dhe shërbejeni mbi një shtrat me oriz basmati kafe ose të bardhë.

66. Kari i frymëzuar nga Sambhar me sobë

RENDIMI: 9 KUPA

Përbërësit

- 2 gota (396 g) fasule të plota ose thjerrëza të gatuara
- 9 gota (2,13 L) ujë
- 1 patate mesatare, e qëruar dhe e prerë në kubikë
- 1 lugë çaji pastë tamarindi
- 5 gota (750 g) perime (përdorni një shumëllojshmëri), të prera në kubikë dhe të grira
- 2 lugë të mbushura Sambhar Masala
- 1 luge vaj
- 1 lugë çaji pluhur asafetida (hing) (opsionale)
- 1 lugë fara mustardë të zezë
- 5-8 speca djegës të kuq të tharë të tëra, të prera përafërsisht
- 8–10 gjethe kerri të freskëta, të prera trashë
- 1 lugë çaji pluhur chili i kuq ose kajen

- 1 lugë gjelle kripë deti të trashë

Drejtimet

a) Në një tenxhere të thellë supe mbi nxehtësinë mesatare-të lartë, kombinoni fasulet ose thjerrëzat, ujin, patatet, tamarindin, perimet dhe Sambhar Masala. Lëreni të vlojë.

b) Ulni zjarrin dhe ziejini për 15 minuta, derisa perimet të zbuten dhe të zbuten.

c) Përgatitni kalitjen (tarka). Në një tigan të vogël, ngrohni vajin në nxehtësi mesatare-të lartë. Shtoni asafetida (nëse përdorni) dhe farat e mustardës. Mustarda ka tendencë të skuqet, kështu që mbani një kapak pranë.

d) Sapo farat të fillojnë të dalin, shtoni shpejt specin djegës të kuq dhe gjethet e kerit. Gatuani për 2 minuta të tjera, duke e përzier shpesh.

e) Pasi gjethet e kerit të fillojnë të skuqen dhe të përkulen, shtoni këtë përzierje tek thjerrëzat. Gatuani edhe 5 minuta të tjera.

f) Shtoni pluhurin e kuq të chilit dhe kripën. Shërbejeni si supë të përzemërt, si pjesë tradicionale e dozës, ose me oriz basmati kafe ose të bardhë.

67.   Fasule dhe thjerrëza të gatuara ngadalë

REHNDIMI: 10 filxhanë

Përbërësit

- 2 gota (454 g) fasule lima të thata, të mbledhura dhe të lara

- $\frac{1}{2}$ qepë mesatare të verdhë ose të kuqe, të qëruar dhe të prerë përafërsisht

- 1 domate mesatare, e prerë në kubikë

- 1 copë rrënjë xhenxhefili, e qëruar dhe e grirë ose e grirë

- 2 thelpinj hudhër, të qëruara dhe të grira ose të grira

- 1–3 speca djegës tajlandez jeshil, serrano ose kajen, të copëtuara

- 3 karafil të tërë

- 1 lugë çaji të mbushur me fara qimnoni

- 1 lugë çaji pluhur chili i kuq ose kajen

- grumbull lugë çaji kripë deti e trashë

- $\frac{1}{2}$ lugë çaji pluhur shafran i Indisë

- ½ lugë çaji garam masala

- 7 gota (1,66 L) ujë

- ¼ filxhan (4 g) cilantro e freskët e copëtuar

Drejtimet

a) Vendosni të gjithë përbërësit përveç cilantros në tenxhere të ngadaltë. Gatuani në temperaturë të lartë për 7 orë, derisa fasulet të prishen dhe të bëhen disi kremoze.

b) Rreth gjysmës së procesit të gatimit, fasulet do të duken sikur kanë mbaruar, por mbani gatimin e ngadalshëm. Kari do të jetë ende i holluar me ujë dhe do të duhet të gatuhet më tej.

c) Hiqni karafilët nëse mund t'i gjeni. Shtoni cilantro të freskët dhe shërbejeni mbi oriz basmati ose me roti ose naan.

68. Chana dhe Split Moong Dal me thekon piper

REHNDIMI: 8 filxhanë

Përbërësit

- 1 filxhan (192 g) gram i ndarë (chana dal), i zgjedhur dhe i larë

- 1 filxhan (192 g) thjerrëza jeshile të thata të ndara me lëkurë (moon dal), të marra dhe të lara

- $\frac{1}{2}$ qepë mesatare të verdhë ose të kuqe, të qëruar dhe të prerë në kubikë

- 1 copë rrënjë xhenxhefil, e qëruar dhe e grirë ose e grirë

- 4 thelpinj hudhra, të qëruara dhe të grira ose të grira

- 1 domate mesatare, e qëruar dhe e prerë në kubikë

- 1-3 speca djegës tajlandez jeshil, serrano ose kajen, të copëtuara

- 1 lugë gjelle plus 1 lugë çaji fara qimnoni, të ndara

- 1 lugë çaji pluhur shafran i Indisë

- 2 lugë çaji kripë deti të trashë

- 1 lugë çaji pluhur chili i kuq ose kajen

- 6 gota ujë

- 2 lugë vaj

- 1 lugë çaji thekon piper të kuq

- 2 lugë gjelle cilantro të freskët të grirë

Drejtimet

a) Vendosni gramin e ndarë, thjerrëzat jeshile, qepën, rrënjën e xhenxhefilit, hudhrën, domaten, specin djegës, 1 lugë qimnon, shafranin e Indisë, kripën, pluhurin e djegës së kuqe dhe ujin në tenxhere të ngadaltë. Gatuani në temperaturë të lartë për 5 orë.

b) Afër fundit të kohës së gatimit, ngrohni vajin në një tigan të cekët mbi nxehtësinë mesatare-të lartë.

c) Shtoni 1 lugë çaji të mbetur qimnon.

d) Pasi të ketë marrë valë, shtoni specat e kuq. Gatuani për maksimumi 30 sekonda të tjera. Nëse e gatuani shumë gjatë, thekonet do të bëhen shumë të forta.

e) Shtoni këtë përzierje, së bashku me cilantro, tek thjerrëzat.

f) Shërbejeni këtë vetëm si supë ose me oriz basmati kafe ose të bardhë, roti ose naan.

PERIMET

69. Supë me qumësht soje me xhenxhefil

RENDIMI: 3½ filxhanë (3,32 L)

Përbërësit

- 2 gota qumësht soje të thjeshtë pa sheqer

- ¼ filxhan (59 mL) Adarak Masala

- ½ lugë çaji kripë deti të trashë

- ½ lugë çaji pluhur kili i kuq ose kajen

- 1–3 speca djegës tajlandez jeshil, serrano ose kajen, të copëtuara

- ½ filxhan (119 mL) ujë (opsionale)

- ¼ filxhan (4 g) cilantro e freskët e copëtuar

Drejtimet

a) Në një tenxhere mbi nxehtësi mesatare, vendoseni qumështin e sojës të ziejë lehtë.

b) Shtoni Adarak Masala, kripë, pluhur djegës të kuq, djegës jeshil dhe ujë (nëse përdorni). Lëreni të ziejë, shtoni cilantro dhe shërbejeni me roti të trashë ose naan.

70.   Tofu me erëza dhe domate

RENDIMI: 4 filxhanë (948 ml)

Përbërësit

- 2 lugë vaj

- 1 lugë e mbushur me fara qimnoni

- 1 lugë çaji pluhur shafran i Indisë

- 1 qepë mesatare e kuqe ose e verdhë, e qëruar dhe e grirë

- 1 (5 centimetra) copë rrënjë xhenxhefili, e qëruar dhe e grirë ose e grirë

- 6 thelpinj hudhër të qëruara dhe të grira ose të grira

- 2 domate mesatare, të qëruara (opsionale) dhe të prera (3 gota [480 g])

- 2-4 speca djegës tajlandez jeshil, serrano ose kajen, të copëtuara

- 1 lugë gjelle pastë domate

- 1 lugë gjelle garam masala

- 1 lugë gjelle gjethe fenugreku të thata (kasoori methi), të grimcuara lehtë me dorë për të lëshuar shijen e tyre

- 1 filxhan (237 ml) ujë

- 2 lugë çaji kripë deti të trashë

- 1 lugë çaji pluhur chili i kuq ose kajen

- 2 speca zile jeshile mesatare, të prera dhe të prera në kubikë (2 gota)

- 2 (14 ons [397-g]) pako tofu organike tepër të forta, të pjekura dhe të prera në kubikë

Drejtimet

a) Në një tigan të madh dhe të rëndë, ngrohni vajin mbi nxehtësinë mesatare-të lartë.

b) Shtoni kuminin dhe shafranin e Indisë. Gatuani derisa farat të skuqen, rreth 30 sekonda.

c) Shtoni qepën, rrënjën e xhenxhefilit dhe hudhrën. Gatuani për 2 deri në 3 minuta, derisa të skuqet lehtë, duke e përzier herë pas here.

d) Shtoni domatet, specin djegës, pastën e domates, garam masala, fenugreek, ujin, kripën dhe pluhurin e djegës së kuqe. Ulni pak zjarrin dhe ziejini pa mbuluar për 8 minuta.

e) Shtoni specat zile dhe gatuajeni edhe për 2 minuta të tjera. Shtoni tofu dhe përzieni butësisht. Gatuani edhe 2 minuta të tjera, derisa të nxehet. Shërbejeni me oriz basmati kafe ose të bardhë, roti ose naan.

71.   Hash patate me qimnon

RENDIMI: 4 filxhanë (948 ml)

Përbërësit

- 1 luge vaj
- 1 lugë fara qimnoni
- $\frac{1}{2}$ lugë çaji asafetida (hing)
- $\frac{1}{2}$ lugë çaji pluhur shafran i Indisë
- $\frac{1}{2}$ lugë çaji pluhur mango (amchur)
- 1 qepë e vogël e verdhë ose e kuqe, e qëruar dhe e prerë në kubikë
- 1 copë rrënjë xhenxhefil, e qëruar dhe e grirë ose e grirë
- 3 patate të mëdha të ziera (çdo lloj), të qëruara dhe të prera në kubikë (4 gota [600 g])
- 1 lugë çaji kripë deti të trashë
- 1-2 speca djegës tajlandez të gjelbër, serrano ose kajenë, kërcell të hequr, të prerë hollë

- ¼ filxhan (4 g) cilantro e freskët e grirë, lëng ½ limoni i grirë

Drejtimet

a) Në një tigan të thellë dhe të rëndë, ngrohni vajin mbi nxehtësinë mesatare-të lartë.

b) Shtoni qimnon, asafetida, shafran i Indisë dhe pluhur mango. Gatuani derisa farat të skuqen, rreth 30 sekonda.

c) Shtoni qepën dhe rrënjën e xhenxhefilit. Gatuani për një minutë tjetër, duke e trazuar për të parandaluar ngjitjen.

d) Shtoni patatet dhe kripën. Përziejini mirë dhe ziejini derisa patatet të jenë ngrohur.

e) Hidhni sipër specin djegës, cilantro dhe lëng limoni. Shërbejeni si anë me roti ose naan ose të mbështjellë në një besan poora ose dosa. Kjo është e shkëlqyeshme si mbushje për një sanduiç perimesh apo edhe të shërbyer në një filxhan marule.

72.   Hash i patates së farave të mustardës

RENDIMI: 4 filxhanë (948 ml)

Përbërësit

- 1 lugë gjelle e ndarë gram (chana dal)
- 1 luge vaj
- 1 lugë çaji pluhur shafran i Indisë
- 1 lugë çaji fara mustardë të zezë
- 10 gjethe kerri, të prera përafërsisht
- 1 qepë e vogël e verdhë ose e kuqe, e qëruar dhe e prerë në kubikë
- 3 patate të mëdha të ziera (çdo lloj), të qëruara dhe të prera në kubikë (4 gota [600 g])
- 1 lugë çaji kripë e bardhë e trashë
- 1-2 speca djegës tajlandez të gjelbër, serrano ose kajen, kërcelli të hequr, të prera hollë

Drejtimet

a) Lagni gramin e ndarë në ujë të valuar ndërsa përgatitni përbërësit e mbetur.

b) Në një tigan të thellë dhe të rëndë, ngrohni vajin mbi nxehtësinë mesatare-të lartë.

c) Shtoni shafranin e Indisë, mustardën, gjethet e kerit dhe gramin e kulluar. Kini kujdes, farat priren të skuqen dhe thjerrëzat e njomura mund të spërkasin vaj, kështu që mund t'ju duhet një kapak. Gatuani për 30 sekonda, duke e trazuar për të parandaluar ngjitjen.

d) Shtoni qepën. Gatuani derisa të skuqet pak, rreth 2 minuta.

e) Shtoni patatet, kripën dhe djegësin. Gatuani edhe 2 minuta të tjera. Shërbejeni si anë me roti ose naan ose të mbështjellë në një besan poora ose dosa. Kjo është e shkëlqyeshme si mbushje për një sanduiç perimesh apo edhe të shërbyer në një filxhan marule.

73. Lakra e stilit Punjabi

REHNDIMI: 7 filxhanë

Përbërësit

- 3 lugë (45 ml) vaj

- 1 lugë fara qimnon

- 1 lugë çaji pluhur shafran i Indisë

- ½ qepë e verdhë ose e kuqe, e qëruar dhe e prerë në kubikë

- 1 copë rrënjë xhenxhefil, e qëruar dhe e grirë ose e grirë

- 6 thelpinj hudhër të qëruara dhe të grira

- 1 patate mesatare, e qëruar dhe e prerë në kubikë

- 1 lakër e bardhë me kokë mesatare, gjethet e jashtme të hequra dhe të grira imët (rreth 8 filxhanë [560 g])

- 1 filxhan (145 g) bizele, të freskëta ose të ngrira

- 1 chile jeshile Thai, serrano ose cayenne, kërcelli i hequr, i copëtuar

- 1 lugë çaji koriandër të bluar

- 1 lugë çaji qimnon i bluar

- 1 lugë çaji piper i zi i bluar

- ½ lugë çaji pluhur kili i kuq ose kajen

- 1½ lugë çaji kripë deti

Drejtimet

a) Hidhini të gjithë përbërësit në tenxhere të ngadaltë dhe përziejini butësisht.

b) Gatuani në temperaturë të ulët për 4 orë. Shërbejeni me oriz basmati të bardhë ose kafe, roti ose naan. Ky është një mbushës i shkëlqyeshëm për një pite me pak spërkatje raita jogurti soje.

74. Lakra me fara mustarde dhe kokos

REHNDIMI: 6 filxhanë

Përbërësit

- 2 lugë gjelle thjerrëza të zeza të plota me lëkurë (sabut urud dal)

- 2 lugë vaj kokosi

- $\frac{1}{2}$ lugë çaji asafetida (hing)

- 1 lugë çaji fara mustardë të zezë

- 10–12 gjethe kerri, të prera trashë

- 2 lugë arrë kokosi të grirë pa sheqer

- 1 lakër e bardhë me kokë mesatare, e prerë (8 filxhanë [560 g])

- 1 lugë çaji kripë deti të trashë

- 1–2 chiles tajlandeze, serrano ose kajene, kërcelli i hequr, i prerë në feta për së gjati

Drejtimet

a) Thjerrëzat i njomni në ujë të valuar në mënyrë që të zbuten ndërsa përgatitni përbërësit e mbetur.

b) Në një tigan të thellë dhe të rëndë, ngrohni vajin mbi nxehtësinë mesatare-të lartë.

c) Shtoni asafetida, mustardën, thjerrëzat e kulluara, gjethet e kerit dhe kokosin. Ngroheni derisa farat të dalin, rreth 30 sekonda. Kini kujdes që të mos digjen gjethet e kerit ose kokosit. Farat mund të dalin, kështu që mbani një kapak pranë.

d) Shtoni lakrën dhe kripën. Gatuani, duke e përzier rregullisht, për 2 minuta derisa lakra thjesht të thahet.

e) Shtoni specin djegës. Shërbejeni menjëherë si sallatë të ngrohtë, të ftohtë ose me roti ose naan.

75.   Fasule me patate

REHNDIMI: 5 gota

Përbërësit

- 1 luge vaj

- 1 lugë çaji fara qimnoni

- ½ lugë çaji pluhur shafran i Indisë

- 1 qepë mesatare e kuqe ose e verdhë, e qëruar dhe e prerë në kubikë

- 1 copë rrënjë xhenxhefil, e qëruar dhe e grirë ose e grirë

- 3 thelpinj hudhër, të qëruara dhe të grira ose të grira

- 1 patate mesatare, e qëruar dhe e prerë në kubikë

- ¼ filxhan (59 mL) ujë

- 4 filxhanë (680 g) fasule të prera (13 mm të gjata)

- 1-2 speca djegës tajlandez, serrano ose kajen, të copëtuara

- 1 lugë çaji kripë deti të trashë

- 1 lugë çaji pluhur chili i kuq ose kajen

Drejtimet

a) Në një tigan të rëndë dhe të thellë, ngrohni vajin mbi nxehtësinë mesatare-të lartë.

b) Shtoni kuminin dhe shafranin e Indisë dhe gatuajeni derisa farat të ziejnë, rreth 30 sekonda.

c) Shtoni qepën, rrënjën e xhenxhefilit dhe hudhrën. Gatuani derisa të marrë pak kafe, rreth 2 minuta.

d) Shtoni pataten dhe gatuajeni edhe 2 minuta të tjera duke e përzier vazhdimisht. Shtoni ujin për të parandaluar ngjitjen.

e) Shtoni kokrrat e kokrrës. Gatuani për 2 minuta, duke e përzier herë pas here.

f) Shtoni specin djegës, kripën dhe pluhurin e kuq të djegës.

g) Ulni nxehtësinë në mesatare-të ulët dhe mbuloni pjesërisht tiganin. Gatuani për 15 minuta, derisa fasulet dhe patatet të jenë të buta. Fikni zjarrin dhe lëreni tiganin të ulet, i mbuluar, në të njëjtin djegës për 5 deri në 10 minuta të tjera.

h) Shërbejeni me oriz basmati të bardhë ose kafe, roti ose naan.

76.   Patëllxhan me patate

RENDIMI: 6 filxhanë (1,42 L)

Përbërësit

- 2 lugë vaj

- $\frac{1}{2}$ lugë çaji asafetida (hing)

- 1 lugë çaji fara qimnoni

- $\frac{1}{2}$ lugë çaji pluhur shafran i Indisë

- 1 copë rrënjë xhenxhefili (2 inç, e qëruar dhe e prerë në shkopinj shkrepse të gjata 13 mm)

- 4 thelpinj hudhër, të qëruara dhe të prera përafërsisht

- 1 patate mesatare, e qëruar dhe e prerë fort

- 1 qepë e madhe, e qëruar dhe e prerë përafërsisht

- 1-3 speca djegës tajlandez, serrano ose kajen, të copëtuara

- 1 domate e madhe, e prerë përafërsisht

- 4 patëllxhanë të mesme me lëkurë, të prera përafërsisht, me skajet e drunjta të përfshira (8 filxhanë [656 g])

- 2 lugë çaji kripë deti të trashë

- 1 lugë gjelle garam masala

- 1 lugë gjelle koriandër të bluar

- 1 lugë çaji pluhur chili i kuq ose kajen

- 2 lugë gjelle cilantro të freskët të copëtuar, për zbukurim

Drejtimet

a) Në një tigan të thellë dhe të rëndë, ngrohni vajin mbi nxehtësinë mesatare-të lartë.

b) Shtoni asafetida, qimnon dhe shafran i Indisë. Gatuani derisa farat të skuqen, rreth 30 sekonda.

c) Shtoni rrënjën e xhenxhefilit dhe hudhrën. Gatuani, duke e përzier vazhdimisht, për 1 minutë.

d) Shtoni patatet. Gatuani për 2 minuta.

e) Shtoni qepët dhe specin djegës dhe ziejini edhe për 2 minuta të tjera, derisa të marrin një ngjyrë kafe.

f) Shtoni domaten dhe gatuajeni për 2 minuta. Në këtë pikë, ju do të keni krijuar një bazë për pjatën tuaj.

g) Shtoni patëllxhanin. (Është e rëndësishme të ruani skajet e drurit në mënyrë që ju dhe të ftuarit tuaj të mund të përtypni qendrën e shijshme dhe me mish më vonë.)

h) Shtoni kripën, garam masala, korianderin dhe pluhurin e kuq të djegës. Gatuani për 2 minuta.

i) Ulni nxehtësinë në minimum, mbuloni pjesërisht tiganin dhe gatuajeni për 10 minuta të tjera.

j) Fikni nxehtësinë, mbulojeni plotësisht tiganin dhe lëreni të qëndrojë për 5 minuta në mënyrë që të gjitha shijet të kenë mundësinë të përzihen vërtet. Dekoroni me cilantro dhe shërbejeni me roti ose naan.

77.   Masala Lakrat e Brukselit

RENDIMI: 4 filxhanë (948 ml)

Përbërësit

- 1 luge vaj

- 1 lugë çaji fara qimnoni

- 2 gota (474 mL) Gila Masala

- 1 filxhan (237 ml) ujë

- 4 lugë gjelle (60 mL) krem shqeme

- 4 gota (352 g) lakra brukseli, të prera dhe të përgjysmuara

- 1-3 speca djegës tajlandez, serrano ose kajen, të copëtuara

- 2 lugë çaji kripë deti të trashë

- 1 lugë çaji garam masala

- 1 lugë çaji koriandër të bluar

- 1 lugë çaji pluhur chili i kuq ose kajen

- 2 lugë gjelle cilantro të freskët të copëtuar, për zbukurim

Drejtimet

a) Në një tigan të thellë dhe të rëndë, ngrohni vajin mbi nxehtësinë mesatare-të lartë.

b) Shtoni kuminin dhe gatuajeni derisa farat të ziejnë, rreth 30 sekonda.

c) Shtoni stokun e supës së domates veriore indiane, ujin, kremin me shqeme, lakrat e Brukselit, specin djegës, kripën, garam masala, koriandrin dhe pluhurin e kuq të chilit.

d) Lëreni të vlojë. Ulni zjarrin dhe ziejini të pambuluara për 10 deri në 12 minuta, derisa lakrat e Brukselit të zbuten.

e) Zbukuroni me cilantro dhe shërbejeni mbi oriz basmati kafe ose të bardhë ose me roti ose naan.

78.   Panxhar me fara mustarde dhe kokos

REZULTIMI: 3 filxhanë (711 ml)

Përbërësit

- 1 luge vaj
- 1 lugë çaji fara mustardë të zezë
- 1 qepë mesatare e verdhë ose e kuqe, e qëruar dhe e prerë në kubikë
- 2 lugë çaji qimnon të bluar
- 2 lugë çaji koriandër të bluar
- 1 lugë çaji masala indiane jugore
- 1 lugë gjelle arrë kokosi pa sheqer, të grirë
- 5–6 panxhar të vegjël, të qëruar dhe të prerë në kubikë (3 filxhanë [408 g])
- 1 lugë çaji kripë deti të trashë
- 1½ [356 ml] filxhan ujë

Drejtimet

a) Në një tigan të rëndë, ngrohni vajin në nxehtësi mesatare-të lartë.

b) Shtoni farat e sinapit dhe ziejini derisa të ziejnë, rreth 30 sekonda.

c) Shtoni qepën dhe ziejini derisa të skuqet pak, rreth 1 minutë.

d) Shtoni qimnon, koriandër, masala indiane jugore dhe kokosin. Gatuani për 1 minutë.

e) Shtoni panxharin dhe ziejini për 1 minutë.

f) Shtoni kripën dhe ujin. Lëreni të vlojë, zvogëloni zjarrin, mbulojeni dhe ziejini për 15 minuta.

g) Fikni nxehtësinë dhe lëreni tiganin të qëndrojë i mbuluar për 5 minuta në mënyrë që gjella të thithë të gjitha shijet. Shërbejeni mbi oriz basmati kafe ose të bardhë ose me roti ose naan.

79.   Kungull Masala i grirë

RENDIMI: 4 filxhanë (948 ml)

Përbërësit

- 2 lugë vaj

- 2 lugë çaji fara qimnoni

- 2 lugë çaji koriandër të bluar

- 1 lugë çaji pluhur shafran i Indisë

- 1 kungull i madh ose kungull (çdo lloj kungulli dimëror ose veror do të funksionojë), i qëruar dhe i grirë (8 filxhanë [928 g])

- 1 (5 centimetra) copë rrënjë xhenxhefili, e qëruar dhe e prerë në shkrepse (⅓ filxhan [32 g])

- 1 lugë çaji kripë deti të trashë

- 2 lugë ujë Lëng nga 1 limon

- 2 lugë gjelle cilantro të freskët të copëtuar

Drejtimet

a) Në një tigan të thellë dhe të rëndë, ngrohni vajin mbi nxehtësinë mesatare-të lartë.

b) Shtoni qimnonin, koriandrin dhe shafranin e Indisë. Gatuani derisa farat të skuqen, rreth 30 sekonda.

c) Shtoni kungujt, rrënjën e xhenxhefilit, kripën dhe ujin. Gatuani për 2 minuta dhe përzieni mirë.

d) Mbulojeni tiganin dhe ulni zjarrin në mesatare të ulët. Gatuani për 8 minuta.

e) Shtoni lëngun e limonit dhe cilantro. Shërbejeni me roti ose naan, ose bëni si unë, dhe shërbejeni mbi një kifle angleze të thekur të mbushur me rrathë qepë të verdhë ose të kuqe të prera hollë.

80. Patëllxhan fëmijë i mbushur me shqeme

RENDRIMI: 20 PATËLJANË FËMIJË

Përbërësit

- $\frac{1}{2}$ filxhan (69 g) shqeme të papërpunuara

- 20 patëllxhanë bebe

- 2 lugë vaj, të ndara

- 1 lugë çaji fara qimnoni

- 1 lugë çaji fara koriandër

- 1 lugë fara susami

- $\frac{1}{2}$ lugë çaji fara mustardë të zezë

- $\frac{1}{2}$ lugë çaji fara kopër

- $\frac{1}{4}$ lugë çaji fara fenugreek

- 1 qepë e madhe e verdhë ose e kuqe, e qëruar dhe e prerë në kubikë

- 1 copë rrënjë xhenxhefil, e qëruar dhe e grirë ose e grirë

- 4 thelpinj hudhër, të qëruara dhe të prera përafërsisht

- 1-3 speca djegës tajlandez, serrano ose kajen, të copëtuara

- 1 lugë çaji pluhur shafran i Indisë

- 1 lugë çaji jaggery i grirë (gur)

- 2 lugë çaji garam masala

- 1 lugë gjelle kripë deti të trashë

- 1 lugë çaji pluhur chili i kuq ose kajen

- 1 filxhan (237 mL) ujë, i ndarë

- 2 lugë gjelle cilantro të freskët të copëtuar, për zbukurim

Drejtimet

a) Thithni shqemet në ujë ndërsa përgatitni përbërësit e mbetur.

b) Prisni 2 të çara pingul në secilën patëllxhan nga fundi, duke punuar drejt kërcellit dhe duke u ndalur përpara se ta prisni patëllxhanin. Ata duhet të qëndrojnë të paprekura. Ju do të keni 4 seksione kur të keni mbaruar, të mbajtura së bashku nga kërcelli i gjelbër e drurë. Vendosini ato në një tas me ujë ndërsa përgatitni përbërësit e mbetur. Kjo do të ndihmojë që patëllxhanët të hapen pak, në mënyrë që t'i mbushni më mirë më vonë.

c) Në një tigan të rëndë, ngrohni 1 lugë gjelle vaj në nxehtësi mesatare-të lartë.

d) Shtoni farat e qimnonit, koriandrit, susamit, mustardës, koprës dhe farave të fenugreek. Gatuani derisa farat të skuqen pak, rreth 30 sekonda. Mos e teproni me këtë - fenugreek mund të bëhet i hidhur.

e) Shtoni qepën, rrënjën e xhenxhefilit, hudhrën dhe specin djegës. Gatuani derisa qepa të skuqet, rreth 2 minuta.

f) Shtoni shafranin e Indisë, jaggery, garam masala, kripë, pluhur të kuq djegës dhe shqeme të kulluara. Gatuani edhe 2 minuta të tjera, derisa të përzihet mirë.

g) Transferoni këtë përzierje në një përpunues ushqimi. Shtoni ½ filxhan (119 mL) ujë dhe përpunoni derisa të jetë e qetë. Merrni kohën tuaj; mund t'ju duhet të ndaloni dhe të gërvishtni anët.

h) Patëllxhanët tashmë janë gati për t'u mbushur! Duke mbajtur një patëllxhan në njërën dorë, vendosni rreth 1 lugë gjelle nga përzierja në thelbin e patëllxhanit duke mbuluar të gjitha anët.

i) Mbyllni butësisht patëllxhanin dhe vendoseni në një tas të madh derisa të përfundoni mbushjen e të gjitha patëllxhanëve.

j) Në një tigan të madh dhe të thellë, ngrohni 1 lugë gjelle vaj të mbetur në nxehtësi mesatare-të lartë. Shtoni patëllxhanët butësisht, një nga një. Shtoni masën e mbetur dhe ½ filxhan ujë të mbetur dhe zvogëloni nxehtësinë në mesatare-të ulët. Mbulojeni tiganin dhe gatuajeni për 20 minuta, duke i trazuar lehtë herë pas here, duke pasur kujdes që patëllxhanët të mos jenë të paprekura.

k) Fikni zjarrin dhe lërini patëllxhanët të qëndrojnë për 5 minuta që të gatuhen vërtet dhe të thithin të gjitha shijet. Zbukuroni me cilantro dhe shërbejeni mbi oriz ose me roti ose naan.

81.   Spinaq me erëza me Paneer

RENDIMI: 10 filxhanë (2,37 L)

Përbërësit

- 2 lugë vaj

- 1 lugë fara qimnon

- 1 lugë çaji pluhur shafran i Indisë

- 1 qepë e madhe e verdhë ose e kuqe, e qëruar dhe e prerë në kubikë

- 1 (5 centimetra) copë rrënjë xhenxhefili, e qëruar dhe e grirë ose e grirë

- 6 thelpinj hudhër të qëruara dhe të grira ose të grira

- 2 domate të mëdha, të prera

- 1–2 speca djegës tajlandez, serrano ose kajen, të copëtuara

- 2 lugë pastë domate

- 1 filxhan (237 ml) ujë

- 1 lugë gjelle koriandër të bluar

- 1 lugë gjelle garam masala

- 2 lugë çaji kripë deti të trashë

- 12 gota (360 g) spinaq i freskët i paketuar dendur

- 1 (14 ons [397-g]) paketë tofu organike tepër e fortë, e pjekur dhe e prerë në kubikë

Drejtimet

a) Në një tigan të gjerë dhe të rëndë, ngrohni vajin në nxehtësi mesatare-të lartë.

b) Shtoni kuminin dhe shafranin e Indisë dhe gatuajeni derisa farat të ziejnë, rreth 30 sekonda.

c) Shtoni qepën dhe gatuajeni derisa të marrë ngjyrë kafe, rreth 3 minuta, duke e trazuar lehtë që të mos ngjitet.

d) Shtoni rrënjën e xhenxhefilit dhe hudhrën. Gatuani për 2 minuta.

e) Shtoni domatet, djegësin, pastën e domates, ujin, korianderin, garam masala dhe kripën. Ulni zjarrin dhe ziejini për 5 minuta.

f) Shtoni spinaqin. Ju mund t'ju duhet ta bëni këtë në grupe, duke shtuar më shumë ndërsa zbehet. Do të duket sikur keni shumë spinaq, por mos u shqetësoni. Gjithçka do të gatuhet. Më beso!

g) Gatuani për 7 minuta, derisa spinaqi të jetë tharë dhe zier. Përziejini me një blender zhytjeje ose në një blender tradicional.

h) Shtoni tofu dhe gatuajeni edhe për 2 deri në 3 minuta të tjera. Shërbejeni me roti ose naan.

82.   Pjepër dimëror i pjekur

REHNDIMI: 3 gota

Përbërësit

- 2 lugë vaj

- ½ lugë çaji asafetida

- 1 lugë çaji fara qimnoni

- ½ lugë çaji pluhur shafran i Indisë

- 1 pjepër dimëror mesatar, lëkura e mbetur, e prerë në kubikë

- 1 domate mesatare, e prerë në kubikë

Drejtimet

a) Në një tigan të thellë dhe të rëndë, ngrohni vajin mbi nxehtësinë mesatare-të lartë.

b) Shtoni asafetida, qimnon dhe shafran i Indisë dhe gatuajeni derisa farat të ziejnë, rreth 30 sekonda.

c) Shtoni pjeprin e dimrit. Gatuani për 3 minuta.

d) Shtoni domaten, ulni zjarrin në minimum dhe mbuloni pjesërisht tiganin. Gatuani për 15 minuta.

e) Fikni zjarrin. Rregulloni kapakun në mënyrë që ta mbulojë plotësisht tiganin dhe lëreni tiganin të qëndrojë për 10 minuta për të kombinuar plotësisht shijet.

83. Patate fenugreek-spinaq

REZULTIMI: 3 filxhanë (711 ml)

Përbërësit

- 2 lugë vaj

- 1 lugë çaji fara qimnoni

- 1 pako 12 ons spinaq të ngrirë

- 1½ filxhan gjethe fenugreku të thata

- 1 patate e madhe, e qëruar dhe e prerë në kubikë

- 1 lugë çaji kripë deti të trashë

- ½ lugë çaji pluhur shafran i Indisë

- ¼ lugë çaji pluhur chili i kuq ose kajen

- ¼ filxhan (59 mL) ujë

Drejtimet

a) Në një tigan të rëndë, ngrohni vajin në nxehtësi mesatare-të lartë.

b) Shtoni kuminin dhe gatuajeni derisa farat të ziejnë, rreth 30 sekonda.

c) Shtoni spinaqin dhe zvogëloni nxehtësinë në mesatare-të ulët. Mbulojeni tiganin dhe gatuajeni për 5 minuta.

d) Shtoni gjethet e fenugreek, përzieni butësisht, vendosni kapakun dhe gatuajeni edhe për 5 minuta të tjera.

e) Shtoni pataten, kripën, shafranin e Indisë, pluhurin e chilit të kuq dhe ujin. Përziejini butësisht.

f) Vendoseni kapakun dhe gatuajeni për 10 minuta.

g) Hiqeni tiganin nga zjarri dhe lëreni të qëndrojë me kapak për 5 minuta të tjera. Shërbejeni me roti ose naan.

84.   Bamja kërcitëse

RENDIMI: 4 filxhanë (948 ml)

Përbërësit

- 2 lugë vaj

- 1 lugë çaji fara qimnoni

- 1 lugë çaji pluhur shafran i Indisë

- 1 qepë e madhe e verdhë ose e kuqe, e qëruar dhe e grirë shumë ashpër

- 1 copë rrënjë xhenxhefil, e qëruar dhe e grirë ose e grirë

- 3 thelpinj hudhër, të qëruara dhe të grira, të grira ose të grira në rende

- 2 kile bamje, të lara, të thara, të prera dhe të prera

- 1-2 speca djegës tajlandez, serrano ose kajen, të copëtuara

- $\frac{1}{2}$ lugë çaji pluhur mango

- 1 lugë çaji pluhur chili i kuq ose kajen

- 1 lugë çaji garam masala

- 2 lugë çaji kripë deti të trashë

Drejtimet

a) Në një tigan të thellë dhe të rëndë, ngrohni vajin mbi nxehtësinë mesatare-të lartë. Shtoni kuminin dhe shafranin e Indisë. Gatuani derisa farat të fillojnë të ziejnë, rreth 30 sekonda.

b) Shtoni qepën dhe gatuajeni derisa të skuqet, 2 deri në 3 minuta. Ky është një hap kyç për bamjet e mia. Copat e mëdha dhe të trasha të qepës duhet të skuqen në të gjithë dhe të karamelizohen pak. Kjo do të jetë një bazë e shijshme për pjatën e fundit.

c) Shtoni rrënjën e xhenxhefilit dhe hudhrën. Gatuani për 1 minutë, duke e përzier herë pas here.

d) Shtoni bamjet dhe gatuajeni për 2 minuta, vetëm derisa bamjet të marrin një ngjyrë jeshile të ndezur .

e) Shtoni specin djegës, pluhurin e mangos, pluhurin e kuq djegës, garam masala dhe kripën. Gatuani për 2 minuta, duke e përzier herë pas here.

f) Ulni nxehtësinë në minimum dhe mbuloni pjesërisht tiganin. Gatuani për 7 minuta, duke e përzier herë pas here.

g) Fikni zjarrin dhe rregulloni kapakun në mënyrë që ta mbulojë plotësisht tenxheren. Lëreni të qëndrojë për 3 deri në 5 minuta në mënyrë që të gjitha shijet të përthithen.

h) Zbukuroni me cilantro dhe shërbejeni me oriz basmati kafe ose të bardhë, roti ose naan.

KARRI VEGAN

85. Curry kungull me fara pikante

Përbërësit

- copa 1 - 2 cm
- 2 lugë vaj
- ½ lugë fara mustarde
- ½ lugë fara qimnoni
- Pinch asafetida
- 5 - 6 gjethe kerri
- ¼ lugë gjelle fara fenugreek
- 1/4 e lugës fara kopër
- 1/2 lugë gjelle xhenxhefil të grirë
- 1 lugë gjelle pastë tamarindi
- 2 lugë gjelle - arrë kokosi të thatë, të bluar
- 2 lugë gjelle kikirikë të bluar të pjekur
- Kripë dhe sheqer kaf ose kafshatë për shije
- Gjethet e freskëta të koriandrit

Drejtimet

a) Ngrohni vajin dhe shtoni farat e sinapit. Kur të skuqen shtoni qimnon, fenugreek, asafetida, xhenxhefil, gjethe kerri dhe kopër. Gatuani për 30 sekonda.

b) Shtoni kungullin dhe kripën. Shtoni pastën e tamarindës ose ujin me tul brenda. Shtoni sheqerin ose sheqerin kaf. Shtoni kokosin e bluar dhe pluhurin e kikirikut. Gatuani edhe për disa minuta. Shtoni koriandër të freskët të copëtuar.

86.　　Kerri Peshku Tamarind

Shërben 4

Përbërësit

- 11/2 paund, peshk i bardhë, i prerë në copa
- 3/4 lugë çaji dhe 1/2 lugë çaji pluhur shafran i Indisë
- 2 lugë çaji tul tamarindi, zhytur në 1/4 filxhani ujë të nxehtë për 10 minuta
- 3 lugë vaj vegjetal
- 1/2 lugë çaji fara mustarde të zeza
- 1/4 lugë çaji fara fenugreek
- 8 gjethe kerri të freskëta
- qepë e madhe, e grirë
- Ftonjtë jeshil Serrano, me fara dhe të grira
- domate të vogla, të copëtuara
- 2 speca djegës të kuq të tharë, të grirë afërsisht
- 1 lugë çaji fara koriandër, të grira përafërsisht
- 1/2 filxhan kokos të tharë pa sheqer
- Kripë e tryezës, për shije
- 1 gotë ujë

Drejtimet

a) Vendosni peshkun në një tas. Fërkojeni mirë me 3/4 e lugës së çajit kurkuma dhe lëreni mënjanë për rreth 10 minuta. Shpëlajeni dhe thajeni.

b) Kullojeni tamarindin dhe lëreni mënjanë lëngun. Hidhni mbetjet.

c) Në një tigan të madh, ngrohni vajin vegjetal. Shtoni farat e sinapit dhe farat e fenugreek. Kur të fillojnë të spërkasin, shtoni gjethet e kerit, qepët dhe specat e gjelbër. Skuqeni për 7 deri në 8 minuta ose derisa qepët të jenë skuqur mirë.

d) Shtoni domatet dhe ziejini për 8 minuta të tjera ose derisa vaji të fillojë të shkëputet nga anët e përzierjes. Shtoni pjesën e mbetur të 1/2 lugë çaji shafran i Indisë, specat djegës të kuq, farat e korianderit, kokosin dhe kripën; përzieni mirë dhe gatuajeni edhe për 30 sekonda.

e) Shtoni ujin dhe marinën e kulluar; lëreni të ziejë. Ulni zjarrin dhe shtoni peshkun. Gatuani në zjarr të ulët për 10 deri në 15 minuta ose derisa peshku të jetë gatuar plotësisht. Shërbejeni të nxehtë.

87.   Salmon në kerri me shije shafrani

Shërben 4

Përbërësit

- 4 lugë vaj vegjetal
- 1 qepë e madhe, e grirë hollë
- lugë çaji Pastë me xhenxhefil-hudhër
- 1/2 lugë çaji pluhur djegës i kuq
- 1/4 lugë çaji pluhur shafran i Indisë
- lugë çaji pluhur koriandër
- Kripë e tryezës, për shije
- 1 kile salmon, me kocka dhe
- në kubikë
- 1/2 filxhan kos të thjeshtë, të rrahur
- 1 lugë çaji shafran i pjekur

Drejtimet

a) Në një tigan të madh, jo ngjitës, ngrohni vajin vegjetal. Shtoni qepët dhe skuqini për 3 deri në 4 minuta ose derisa të jenë transparente. Shtoni pastën me xhenxhefil-hudhër dhe skuqeni për 1 minutë.

b) Shtoni pluhur djegës të kuq, shafran i Indisë, koriandër dhe kripë; përzieni mirë. Shtoni salmonin dhe skuqeni për 3 deri në 4 minuta. Shtoni kosin dhe ulni zjarrin. Ziejini derisa salmoni të jetë gatuar. Shtoni shafranin dhe përziejini mirë. Gatuani për 1 minutë. Shërbejeni të nxehtë.

## 88.	Bamje kerri

Përbërësit

- 250 gr bamje (gishti i zonjave) - të prera në copa një cm
- 2 lugë gjelle xhenxhefil të grirë
- 1 lugë fara mustarde
- 1/2 lugë fara qimnoni
- 2 lugë vaj
- Kripë për shije
- Pinch asafetida
- 2 - 3 lugë gjelle pluhur kikiriku të pjekur
- Gjethet e koriandrit

Drejtimet

a) Ngrohni vajin dhe shtoni farat e sinapit. Kur të skuqen shtoni qimnon, asafetida dhe xhenxhefil. Gatuani për 30 sekonda.

b) Shtoni bamjet dhe kripën dhe përzieni derisa të gatuhen. Shtoni pluhurin e kikirikut, gatuajeni edhe për 30 sekonda.

c) Shërbejeni me gjethe koriandër.

89. Curry me perime kokosi

Përbërësit

- 2 patate të mesme, të prera në kubikë
- 1 1/2 filxhan lulelakër - të prerë në lule
- 3 domate r të prera në copa të mëdha
- 1 luge vaj
- 1 lugë fara mustarde
- 1 lugë fara qimnoni
- 5 - 6 gjethe kerri
- Majë shafran i Indisë - sipas dëshirës
- 1 lugë gjelle xhenxhefil të grirë
- Gjethet e freskëta të koriandrit
- Kripë për shije
- Kokosi i freskët ose i tharë - i grirë

Drejtimet

a) Ngroheni vajin dhe më pas shtoni farat e sinapit. Kur të ziejnë shtoni erëzat e mbetura dhe ziejini për 30 sekonda.

b) Shtoni lulelakrën, domatet dhe patatet plus pak ujë, mbulojeni dhe ziejini duke i përzier herë pas here derisa të gatuhen. Duhet të ketë mbetur pak lëng. Nëse dëshironi një kerri të thatë, atëherë skuqeni për disa minuta derisa uji të avullojë.

c) Shtoni kokosin, kripën dhe gjethet e koriandrit.

90.   Kari me perime bazë

Përbërësit:

- 250 gram perime - të copëtuara

- 1 lugë çaji vaj

- $\frac{1}{2}$ lugë çaji fara mustarde

- $\frac{1}{2}$ lugë çaji fara qimnoni

- Pinch asafetida

- 4-5 gjethe kerri

- $\frac{1}{4}$ lugë çaji shafran i Indisë

- $\frac{1}{2}$ lugë çaji pluhur koriandër

- Pini pluhur speci djegës

- Xhenxhefil i grirë

- Gjethet e freskëta të koriandrit

- Sheqeri / jaggery dhe kripë për shije

- Kokosi i freskët ose i tharë

Drejtimet

a) Pritini perimet në copa të vogla (1-2 cm) në varësi të perimeve.

b) Ngroheni vajin dhe më pas shtoni farat e sinapit. Kur të skuqen, shtoni qimnonin, xhenxhefilin dhe erëzat e mbetura.

c) Shtoni perimet dhe gatuajeni. Në këtë moment ju mund të dëshironi të skuqni perimet derisa të gatuhen ose shtoni pak ujë, mbuloni tenxheren dhe ziejini.

d) Kur perimet të jenë zier, shtoni sheqer, kripë, kokos dhe koriandër

91. Fasule e zezë dhe kerri kokosi

Përbërësit

- ½ filxhan fasule të zeza, të mbirë nëse është e mundur
- 2 gota ujë
- 1 luge vaj
- 1 lugë fara mustarde
- 1 lugë fara qimnoni
- 1 lugë gjelle asafetida
- 1 lugë gjelle xhenxhefil të grirë
- 5 - 6 gjethe kerri
- 1 lugë shafran i Indisë
- 1 lugë gjelle pluhur koriandër
- 2 domate - të copëtuara
- 1 - 2 lugë gjelle. pluhur kikiriku i pjekur
- Gjethet e freskëta të koriandrit
- Kokos i freskët, i grirë
- Sheqeri dhe kripë për shije

Drejtimet

a) Thithni fasulet në ujë për 6-8 orë ose gjatë gjithë
   natës. Gatuani fasulet në tenxhere me presion ose
   ziejini në një tenxhere.

b) Ngrohni vajin dhe shtoni farat e sinapit. Kur të skuqen
   shtoni farat e qimnonit, asafetida, xhenxhefili, gjethet
   e kerit, shafran i Indisë dhe pluhur koriandër. Shtoni
   pluhur kikiriku të pjekur dhe domate.

c) Shtoni fasulet dhe ujin. Vazhdoni të përzieni herë pas
   here derisa të gatuhet plotësisht.

d) Shtoni më shumë ujë nëse është e nevojshme. Shtoni
   sheqerin dhe kripën sipas shijes, zbukurojeni me gjethe
   koriandër dhe kokos.

92.　　　Lakra kerri

Përbërësit

- 3 gota lakër të grirë

- 1 lugë çaji vaj

- 1 lugë çaji fara mustarde

- 1 lugë çaji fara qimnoni

- 4-5 gjethe kerri

- Majë shafran i Indisë r opsionale

- 1 lugë çaji xhenxhefil të grirë

- Gjethet e freskëta të koriandrit

- Kripë për shije

- Opsionale - $\frac{1}{2}$ filxhan bizele jeshile

Drejtimet

a) Ngroheni vajin dhe më pas shtoni farat e sinapit. Kur të ziejnë shtoni erëzat e mbetura dhe ziejini për 30 sekonda.

b) Shtoni lakrën dhe perimet e tjera nëse përdorni, duke i përzier herë pas here derisa të gatuhen plotësisht. Nëse është e nevojshme, uji mund të shtohet.

c) Shtoni kripë sipas shijes dhe gjethet e korianderit.

93.   Curry lulelakër

Përbërësit

- 3 gota lulelakër - të prera në lule

- 2 domate - të copëtuara

- 1 lugë çaji vaj

- 1 lugë çaji fara mustarde

- 1 lugë çaji fara qimnoni

- Majë shafran i Indisë

- 1 lugë çaji xhenxhefil të grirë

- Gjethet e freskëta të koriandrit

- Kripë për shije

- Kokosi i freskët ose i tharë - i grirë

Drejtimet

a) Ngroheni vajin dhe më pas shtoni farat e sinapit. Kur të ziejnë shtoni erëzat e mbetura dhe ziejini për 30 sekonda. Nëse përdorni, shtoni domatet në këtë pikë dhe gatuajeni për 5 minuta.

b) Shtoni lulelakrën dhe pak ujë, mbulojeni dhe ziejini duke e përzier herë pas here derisa të gatuhet plotësisht. Nëse dëshironi një kerri më të thatë, atëherë në minutat e fundit hiqni kapakun dhe skuqeni. Shtoni kokosin në minutat e fundit.

94.   Curry me lulelakra dhe patate

Përbërësit:

- 2 gota lulelakër - të prera në lule
- 2 patate të mesme, të prera në kubikë
- 1 lugë çaji vaj
- 1 lugë çaji fara mustarde
- 1 lugë çaji fara qimnoni
- 5 - 6 gjethe kerri
- Majë shafran i Indisë - sipas dëshirës
- 1 lugë çaji xhenxhefil të grirë
- Gjethet e freskëta të koriandrit
- Kripë për shije
- Kokosi i freskët ose i tharë - i grirë
- Lëng limoni - për shije

Drejtimet

a) Ngroheni vajin dhe më pas shtoni farat e sinapit. Kur të ziejnë shtoni erëzat e mbetura dhe ziejini për 30 sekonda.

b) Shtoni lulelakrën dhe pataten plus pak ujë, mbulojeni dhe ziejini duke i trazuar herë pas here derisa të jenë gati gati. Hiqeni kapakun dhe skuqini derisa perimet të jenë zier dhe uji të ketë avulluar. Shtoni kokosin, kripën, gjethet e koriandrit dhe lëngun e limonit.

Kari i përzier me perime dhe thjerrëza

Përbërësit:

- $\frac{1}{4}$ filxhan toor ose mung dal
- $\frac{1}{2}$ filxhan perime - të prera në feta
- 1 gotë ujë
- 2 lugë çaji vaj
- $\frac{1}{2}$ lugë çaji fara qimnoni
- $\frac{1}{2}$ lugë çaji xhenxhefil të grirë
- 5 - 6 gjethe kerri
- 2 domate - të copëtuara
- Limon ose tamarind për shije
- Jaggery për shije
- $\frac{1}{2}$ kripë ose për shije
- Sambhar masala
- Gjethet e koriandrit
- Kokosi i freskët ose i tharë

Drejtimet

a) Ziejini së bashku dal dhe perimet në tenxhere me presion 15 - 20 minuta (1 bilbil) ose në një tenxhere.

b) Në një tigan të veçantë ngrohni vajin dhe shtoni farat e qimnonit, xhenxhefilin dhe gjethet e kerit. Shtoni domatet dhe gatuajeni për 3-4 minuta.

c) Shtoni përzierjen sambhar masala dhe përzierjen e perimeve dal.

d) Ziejini së bashku për një minutë dhe më pas shtoni tamarind ose limon, jaggery dhe kripë. Ziejini për 2-3 minuta të tjera. Dekoroni me kokos dhe koriandër

95. Kari me patate, lulelakër dhe domate

Përbërësit:

- 2 patate të mesme, të prera në kubikë

- 1 1/2 filxhan lulelakër, të prerë në lule

- 3 domate r të prera në copa të mëdha

- 1 lugë çaji vaj

- 1 lugë çaji fara mustarde

- 1 lugë çaji fara qimnoni

- 5-6 gjethe kerri

- Majë shafran i Indisë - sipas dëshirës

- 1 lugë çaji xhenxhefil të grirë

- Gjethet e freskëta të koriandrit

- Kokosi i freskët ose i tharë - i grirë

Drejtimet

a) Ngroheni vajin dhe më pas shtoni farat e sinapit. Kur të ziejnë shtoni erëzat e mbetura dhe ziejini për 30 sekonda.

b) Shtoni lulelakrën, domatet dhe patatet plus pak ujë, mbulojeni dhe ziejini duke i përzier herë pas here derisa të gatuhen. Shtoni kokosin, kripën dhe gjethet e koriandrit.

96. Kari i kungullit

Përbërësit:

- copa 1 - 2 cm
- 2 lugë çaji vaj
- ½ lugë çaji fara mustarde
- ½ lugë çaji fara qimnoni
- Pinch asafetida
- 5 - 6 gjethe kerri
- ¼ lugë çaji fara fenugreek
- 1/4 lugë çaji fara kopër
- 1/2 lugë çaji xhenxhefil të grirë
- 1 lugë çaji pastë tamarindi
- 2 lugë gjelle - arrë kokosi të thatë, të bluar
- 2 lugë gjelle kikirikë të bluar të pjekur
- Kripë dhe sheqer kaf ose kafshatë për shije
- Gjethet e freskëta të koriandrit

Drejtimet

a) Ngrohni vajin dhe shtoni farat e sinapit. Kur të skuqen shtoni qimnon, fenugreek, asafetida, xhenxhefil, gjethe kerri dhe kopër. Gatuani për 30 sekonda.

b) Shtoni kungullin dhe kripën.

c) Shtoni pastën e tamarindës ose ujin me tul brenda. Shtoni sheqerin ose sheqerin kaf.

d) Shtoni kokosin e bluar dhe pluhurin e kikirikut. Gatuani edhe për disa minuta.

e) Shtoni koriandër të freskët të copëtuar.

97.   Llokoçis Fry Perimet

Përbërësit:

- 3 gota perime të copëtuara

- 2 lugë çaji xhenxhefil të grirë

- 1 lugë çaji vaj

- $\frac{1}{4}$ lugë çaji asafetida

- 1 lugë gjelle salcë soje

- Barishte të freskëta

Drejtimet

a) Ngrohni vajin në një tigan. Shtoni asafetida dhe xhenxhefili. Skuqini për 30 sekonda.

b) Shtoni perimet që duhet të gatuhen më gjatë si patatet dhe karotat. Skuqini për një minutë dhe më pas shtoni pak ujë, mbulojeni dhe ziejini derisa të gatuhet gjysmë.

c) Shtoni perimet e mbetura si domate, misër të ëmbël dhe piper jeshil. Shtoni salcën e sojës, sheqerin dhe kripën. Mbulojeni dhe ziejini derisa pothuajse të gatuhet.

d) Hiqeni kapakun dhe skuqeni për disa minuta të tjera.

e) Shtoni barishtet e freskëta dhe lërini disa minuta që barishtet të përzihen me perimet.

98.   Kari me domate

Përbërësit:

- 250 gr domate - të prera në copa një inç

- 1 lugë çaji vaj

- ½ lugë çaji fara mustarde

- ½ lugë çaji fara qimnoni

- 4-5 gjethe kerri

- Majë shafran i Indisë

- Pinch asafetida

- 1 lugë çaji xhenxhefil të grirë

- 1 patate - e gatuar dhe e grirë - sipas dëshirës - për t'u trashur

- 1 deri në 2 lugë gjelle pluhur kikiriku të pjekur

- 1 lugë gjelle kokos të thatë - opsionale

- Sheqer dhe kripë për shije

- Gjethet e koriandrit

Drejtimet

a) Ngrohni vajin dhe shtoni farat e sinapit. Kur të skuqen shtoni qimnonin, gjethet e kerit, shafranin e Indisë, asafetida dhe xhenxhefilin. Gatuani për 30 sekonda.

b) Shtoni domaten dhe vazhdoni t'i përzieni herë pas here derisa të gatuhet. Uji mund të shtohet për një kerri më të lëngshëm.

c) Shtoni pluhurin e kikirikut të pjekur, sheqerin, kripën dhe kokosin nëse përdorni, plus patatet e grira. Gatuani për një minutë tjetër. Shërbejeni me gjethe koriandër të freskët.

99. Curry pagur e bardhë

Përbërësit:

- 250 gr pagur e bardhe

- 1 lugë çaji vaj

- $\frac{1}{2}$ lugë çaji fara mustarde

- $\frac{1}{2}$ lugë çaji fara qimnoni

- 4-5 gjethe kerri

- Majë shafran i Indisë

- Pinch asafetida

- 1 lugë çaji xhenxhefil të grirë

- 1 deri në 2 lugë gjelle pluhur kikiriku të pjekur

- Sheqer kaf dhe kripë për shije

Drejtimet

a) Ngrohni vajin dhe shtoni farat e sinapit. Kur të skuqen shtoni qimnonin, gjethet e kerit, shafranin e Indisë, asafetida dhe xhenxhefilin. Gatuani për 30 sekonda.

b) Shtoni kungullin e bardhë, pak ujë, mbulojeni dhe ziejini duke e trazuar herë pas here derisa të gatuhet.

c) Shtoni pluhurin e kikirikut të pjekur, sheqerin dhe kripën dhe ziejini për një minutë tjetër.

PËRFUNDIM

Ushqimi indian - veçanërisht ushqimi i restoranteve indiane - mund të mos jetë kuzhina më e shëndetshme në botë, por ajo që i mungon në ushqim, më shumë sesa e kompenson në shije. Disa nga pjatat më të shijshme vegane që do të provoni ndonjëherë vijnë nga India.

Pavarësisht se ku jetoni, me siguri mund të gjeni ushqim vegan indian në vend. Sigurisht, të ngrënit në restorantet indiane mund të përbëjë sfida. Por për sa kohë që shmangni produktet e fshehura të qumështit, do të gjeni një shumëllojshmëri të pakrahasueshme të mundësive vegane. Me pak përpjekje mund të zbuloni disa ushqime të pabesueshme. Në rastet kur lundrimi në meny është i ndërlikuar, porosisni pakoras ose një samosë perimesh si meze, dhe më pas karin e qiqrave (chana masala) me oriz basmati për ushqimin tuaj. Këto artikuj rrallë përmbajnë bulmet, dhe pothuajse çdo restorant indian i ka ato në meny.

Kur jeni duke gatuar në shtëpi, dhe për këtë arsye në kontroll të plotë të përbërësve, opsionet tuaja vegane janë të pakufizuara. Ky libër i shkëlqyer gatimi do t'ju mësojë të përgatisni të gjitha pjatat klasike të Indisë Veriore dhe Jugore. Shumë pjata të shijshme me kerri janë ideale për kuzhinierët fillestarë, dhe kuzhina indiane gjithashtu përmban shumë receta ekstravagante gustator. Pra, nëse doni të hani një dietë vegane të larmishme dhe të shijshme, ushqimi indian duhet të jetë ndër kuzhinat e para që eksploroni.